Mapas para la Fiesta

A Mateo y a Nancy, en señal de fiesta

MAPAS PARA LA FIESTA

Reflexiones sobre la crisis y el conocimiento

por Otto Maduro

AETH

ASOCIACIÓN PARA LA EDUCACIÓN TEOLÓGICA HISPANA

Atlanta, Georgia

1998

MAPAS PARA LA FIESTA

Library of Congress Cataloging-in-Publication Data

CONTENIDO

Quiero agradecer a mis estudiantes del Programa Hispano de Verano de 1995 en Princeton, a los estudiantes del Doctorado en Ministerio Hispano de la Escuela de Teología de la universidad Drew (donde enseño desde que terminé la primera versión de este libro en 1992), a Ada María Isasi-Díaz (quien me empujó y me abrió paso para entrar a Drew), a Justo González, Orlando Espín, José Daniel Montañez y Oswaldo Motessi, entre otras cosas por convencerme de que podía valer la pena una edición de este librito para el público de habla castellana en los E.U.

Este trabajo fue originalmente escrito en y para Latinoamérica, cuando ya yo creía que regresaba definitivamente a mi tierra natal, Venezuela. Desde entonces ha corrido mucha agua por los ríos de la tierra y de mi caminar por ella, también. Con mi compañera desde 1982, Nancy Noguera, tuvimos un hijo en 1995, Mateo, que nos cambió radicalmente la existencia y nos la llenó de un amor por la vida misma que yo desconocía hasta entonces.

Después de que Mateo nació, la coincidencia de un sinfín de factores (en nuestras vidas en los E.U. y en la vida de Venezuela) nos ha ido llevando —como a otros millones de emigrantes— a irnos quedando en este país ... y a ir encontrando acogida, identidad y causa común entre la gente latina/hispana de los E.U.

Parte de la experiencia mía de estos años en los E.U. a partir de 1992 ha sido la de predicar en iglesias, trabajar con gente, hacer amistades y enseñar permanentemente en escuelas de teología *predominantemente protestantes* y con frecuencia pentecostales.

Después de seis años de esta experiencia, la relectura de este libro me ha puesto en evidencia la necesidad de reescribirlo para hacerlo mucho más adecuado a la realidad específica de la comunidad latina en los E.U. El libro era (y quizá aun lo es) demasiado católico (en el sentido de poco atento a la realidad e importancia del protestantismo en las Américas) y demasiado latinoamericano (en cuanto que no se ubicaba en la perspectiva de la gente hispana en Norteamérica). Ahora, parcialmente revisado, corregido, puesto al día y aumentado, espero que sea un poco más grato y útil para la gente latina que lo lea en este país.

Ojalá.

Otto Maduro, 5 de Julio de 1998
(aniversario de la primera independencia venezolana)

INTRODUCCIÓN

Casi todas las personas —y probablemente todas las comunidades humanas— hemos tenido experiencias hermosas, inolvidables, de satisfacción, victoria, bondad, cariño, felicidad, paz, esperanza. Un amor correspondido, una huelga exitosa, el logro de un hogar propio, el final de un período de sufrimiento, el nacimiento de una nueva persona en la familia, la aprobación de una ley salarial anhelada y defendida, la salida de prisión de gente querida, la reconciliación con alguien con quien habíamos peleado, la curación de un familiar alcohólico o drogadicto. Todas éstas son vivencias gratas y valiosas que afirman el sentido de la vida humana. Tales experiencias —y su periódico recuerdo en los aniversarios— suscitan la celebración alegre, convocan la conmemoración placentera y optimista en compañía de vecinos, parientes y amistades. ¿No es cierto? Y alrevés: la fiesta, el baile, la misa, la romería, la verbena, frecuentemente provocan y contagian alegría y esperanza, contribuyen a crear amistades, estimulan la apertura de nuevos lazos y refuerzan los antiguos.

Fiesta, Dolor y Conocimiento

En un cierto sentido, la vida humana gira alrededor de la fiesta, se mueve en pos de la celebración. Nos esforzamos de sol a sol por lograr aquello que le dé alimento y sentido a la vida y que, por ende, merezca ser festejado gozosamente en compañía de nuestra gente querida: trabajo, amor, comida, hogar, salud, libertad, educación, paz, tiempo para descansar, jugar y disfrutar de la amistad gratuita. Luchamos constantemente por tener razones, tiempo, espacio y otros recursos para poder celebrar la vida sin miedo ni culpa; para poder festejar lo bueno de la vida sin causar dolor en la vida de nadie.

Desafortunadamente, a menudo la vida se hace dura, dolorosa y difícil: no se consigue empleo, se rompe una relación amorosa, escasea la comida, no se gana lo suficiente para pagar una vivienda decente, una grave enfermedad nos pone al borde de la muerte, los más fuertes usan y abusan de los más débiles, la violencia amenaza cotidianamente nuestras vidas y no queda tiempo para descansar, ni jugar, ni gozar de las amistades. El sufrimiento, la urgencia y el miedo invaden nuestra existencia y hacen entonces menos fácil —pero también más necesaria que nunca— la fiesta. Esto es parte de lo que está aconteciendo en ésta última década del siglo veinte latinoamericano para un número cada vez mayor de gente: la vida, y por lo tanto la fiesta, se hacen cada vez más difíciles ... pero, por lo mismo, más necesarias y urgentes.

Los tiempos difíciles, duros y dolorosos —cuando escasean ocasiones para festejar— parecieran ser de las ocasiones en que los humanos sentimos más clara, aguda y fuertemente la necesidad de *conocer* la realidad que nos circunda: tratar de entender qué es lo que pasa, para ver si es posible hacer algo que nos devuelva la tranquilidad ... ¡y que nos dé razones para una fiesta!

Ese brasileño tan creativo y tierno que es Rubem Alves dice, en su libro *Historias de quien gusta de enseñar*, lo siguiente: "En verdad, parece que el pensamiento surge con el dolor [...]. Cuando todo va bien no pensamos sobre las cosas; las disfrutamos [...]. No es necesario conocer aquello que no incomoda" ([1]).

Pero, ciertamente, la urgencia dolorosa no es la única razón por la que surge en un grupo humano —o en una persona— la iniciativa de tratar de conocer, saber, entender, comprender y explicar la realidad. A veces queremos conocer por pura y simple curiosidad; porque algo nos asombra, nos maravilla, y queremos saber "por qué" o "cómo" es que eso es así. En otras ocasiones, son los sentimientos de amor, atracción, ternura o simpatía por otras personas lo que puede empujarnos a tratar de entender esas otras personas, sus relaciones, ideas, orígenes, preocupaciones, etc. O puede haber cosas cuyo conocimiento nos produzca tanto placer que nos entreguemos a investigarlas con dedicación, aun cuando de ese esfuerzo no esperemos otra recompensa que el entender mejor la realidad que nos cautiva e intriga. A ratos, el gusto por ejercitar nuestra imaginación creadora —o el mero placer de jugar juegos intelectuales con otras personas— nos lleva a inventar explicaciones interesantes de la realidad ... a conocer, pues, de una manera diferente a aquélla a la que estábamos acostumbrados.

En estas reflexiones voy a comparar a menudo el esfuerzo humano de conocer la realidad con esa otra vieja tarea humana que es la de hacer mapas y planos. Así, si la vida humana es —entre otras cosas— búsqueda constante de motivos para la fiesta, y si los obstáculos dolorosos a la vida están entre los principales estímulos del esfuerzo humano por pensar, conocer, entender y transformar la realidad circundante, entonces podríamos imaginarnos el conocimiento humano como un intento de elaborar "mapas para la fiesta": suerte de guías para tratar de encontrar y de abrir caminos que nos lleven de vuelta a la buena vida, a una vida que merezca y facilite ser frecuentemente festejada con alegría, placer y gusto. Es más: el propio acto de inventar, elaborar, comparar y corregir mapas puede ser, en sí mismo, placentero y festivo ... aunque, como los caminos reales de toda vida, ese goce esté constantemente entremezclado, estimulado, dificultado y amenazado por dificultades, frustraciones, estancamientos, conflictos, desvíos, limitaciones y retrocesos.

Un Poco de Autobiografía para Entrar en Materia

Estas ideas son fruto de una larga y complicada historia. Quisiera compartir con quien lea estas líneas, aunque sea brevemente, parte de ese cuento. Quiero hacerlo —entre varias razones— porque me parece que uno de los *problemas* que plaga hoy nuestra visión del conocimiento es ese prejuicio ingenuo y peligroso de que las ideas, la "verdad", el "saber" y los libros salen de la inteligencia genial de algunos pocos individuos aislados y excepcionales. Al menos en el caso de este libro las cosas son bien distintas: estas páginas surgen porque mucha gente ha presionado y contribuido a que yo me siente a darme el gusto de escribirlo.

Desde que leí, cuando niño, la historia de Robin Hood, me volví incapaz de quedarme quieto y callado ante el espectáculo del sufrimiento inocente de tanta gente sumida en la pobreza —incapacidad que me reforzaron mi mamá, mi papá y una maestra que tuve en 2° grado de primaria, y que se me acentuó tras años de trabajador social en barrios, cárceles y hospitales populares de mi ciudad, Caracas. Esa realidad me parece tanto más trágica e insoportable cuanto que ocurre frente al espectáculo del derroche, la insensibilidad y la destructividad crecientes de quienes tienen mayor poder (económico, cultural, militar y/o político).

Esa "incapacidad" mía —o, simplemente, esa sensibilidad ante el sufrimiento de los más débiles— encontró en la biblia, en el testimonio de los profetas y de Jesús, y en mucho del cristianismo (sobre todo en las corrientes más socialmente preocupadas del protestantismo y del catolicismo) una expresión y un alimento importantes. Así, mientras estudiaba filosofía en la universidad, me interesé en el marxismo, abandoné la Democracia Cristiana con un grupito de corta vida al que llamamos la "Izquierda Cristiana", y me fui becado a estudiar filosofía (y luego sociología) de la religión) en la Universidad Católica de Lovaina, en Bélgica.

Con la Teología de la Liberación

En esos años belgas del 71 al 77 anduve, como tantos otros, de "medio ateo". La reflexión crítica a la que me llevó la filosofía (ese darme cuenta de que mis creencias eran apenas una opinión entre miles) fue una de las causas. Otra fue la frustración de las esperanzas despertadas por Juan XXIII, Pablo VI, Vaticano II y Medellín: después de diez años de hermosas declaraciones públicas, me parecía que la *vida* de mi iglesia seguía siendo una de sumisión ante los poderosos de este mundo e insensibilidad ante el sufrimiento de los pobres. Pero la muerte de las dos hijas de mi primer matrimonio —la mayor justo antes de salir de beca, y la menor al tercer año de vivir en Lovaina— fue quizá el empujón más fuerte para alejarme de la iglesia por cerca de cinco años. En 1976, poco después morir mi hija menor, unas amiga peruana, Imelda Vega, me invitó a Bruselas a escuchar una charla del sacerdote peruano Gustavo Gutiérrez. Al concluir, Gustavo nos invitó a misa a quienes quisiéramos ir. Yo sentí durante la charla —y en las reacciones del público, en gran parte compuesto por latinoamericanos— que la iglesia que yo había soñado estaba naciendo y creciendo dentro de la iglesia que yo había abandonado cinco años antes ... y en la invitación a misa sentí el convite a volver a casa. Y regresé: a Latinoamérica, a mi iglesia, y a las luchas por hacer de Latinoamérica y de mi iglesia hogares acogedores y vivificantes para *todas* las personas que nacen en su seno.

Así me conecté con ese movimiento que llaman la "teología de la liberación", del cual sabía y con el cual simpatizaba desde 1969, pero en cuyas posibilidades liberadoras no llegué a confiar sino a partir de ese encuentro con Gustavo Gutiérrez.

Estas líneas son parte de esa jornada y, sobre todo, de mis últimos años de trabajo —como compañero, amigo y/o asesor— con seminaristas, educadores, pastores, sindicalistas, militantes partidistas, trabajadores sociales, animadores barriales, estudiantes universitarios, organizaciones misioneras y agentes de pastoral que trabajan en medios populares, sobre todo en América Latina y Estados Unidos.

Cómo me Acerqué a la Reflexión sobre el Conocimiento

La idea de escribir estas reflexiones surgió por la multitud de problemas que muchos encontramos al tratar de entender *cómo* funcionan y *cómo transformar* realidades que consideramos como opresivas y destructivas. Demasiado a menudo, tales realidades se comportan de modo diferente —y hasta opuesto— a cómo nuestras expectativas, teorías e investigaciones habían previsto. Por ejemplo, vamos a una clínica con un pariente enfermo, seguimos las instrucciones de varios especialistas, y resulta que la persona sufría de una enfermedad distinta a la diagnosticada y el tratamiento empeora su salud.

Otras tantas veces, nuestros esfuerzos transformadores —basados en lo que conocemos de la realidad— se ven obstaculizados, frustrados, recuperados, o, incluso, llegan a tornarse en procesos contraproducentes, provocando el reforzamiento de lo que queríamos contribuir a transformar. Por ejemplo, luchamos por una escuela para una barriada popular con la certeza de que la gente joven que allí estudie pondrá sus nuevos conocimientos, contactos y recursos al servicio de la comunidad entera ... y quizá, pocos años luego, veamos que la mayoría de los graduados de la escuela —con una cierta arrogancia— abandonan el barrio, ocultan sus orígenes y desprecian a sus parientes y antiguos vecinos. De ese tipo de experiencias, con frecuencia, surgen preguntas como éstas: ¿No será que la manera como *vemos* la realidad está de algún modo errada, viciada? ¿Será que nuestras teorías de la realidad son insuficientes? ¿Estarán equivocadas? ¿Hay algún método seguro para conocer la realidad? O, por el contrario ¿estaremos condenados a equivocarnos y errar constantemente? ¿Por qué tanta gente tiene opiniones tan diferentes acerca de una misma realidad? ¿Cómo puedo saber quién tiene la razón, qué es verdadero y qué no lo es?

Todas estas preguntas plantean muchos *problemas del conocimiento*.

A mí me llamaron mucho la atención algunos de esos problemas desde que empecé a estudiar filosofía por allá por los años 60. Por eso, desde entonces le he prestado atención —un poco desordenadamente— a las distintas disciplinas que se ocupan del asunto. En filosofía, a la llamada "teoría del conocimiento" (frecuentemente etiquetada con títulos más raros como los de "epistemología", "gnoseología", "noética") y a la filosofía de las ciencias. En sociología, a las llamadas sociología del conocimiento, sociología de la cultura, sociología de la ciencia, y a la "teoría de las ideologías". En psicología y biología a algunos estudios —como los de Jean Piaget sobre biología y conocimiento, y sobre las formas infantiles de conocer— muy relevantes para el tema. Además, le he venido prestando atención a la historia de las ciencias y a los estudios antropológicos sobre las formas de conocimiento en culturas diferentes a la occidental.

¿Y a Quién le Puede Interesar este Rollo?

Siempre me pareció que en todas estas disciplinas se discutían asuntos e ideas del mayor interés e importancia para quienes se interesen en cambiar las cosas, en superar realidades destructivas para las personas y comunidades humanas. Sin embargo, también tuve la impresión, desde el inicio, de que la mayoría de los autores de aquellas disciplinas trataban el tema del conocimiento de un modo tan abstracto, especializado y hermético, que terminaba siendo imposible que sus escritos fueran comprensibles o despertaran interés en la mayor parte de la gente.

¿Qué hacer, entonces? Hasta hace unos pocos años traté de convencer a algunas personas amigas —concentradas, disciplinadas y preparadas en algunas de aquellas áreas— de que acometieran esa tarea. La tarea de estudiar, sintetizar y "traducir" los temas e ideas de los mejores especialistas en el estudio del conocimiento, poniéndolos en relación con y al servicio de las tradiciones, organizaciones, luchas, modos de comunicación y búsquedas presentes en nuestra gente. No logré persuadir a nadie. Años luego, a partir de algunas invitaciones a escribir y dar charlas sobre el tema, comencé a poner yo mismo manos a la obra, aunque siempre de una manera un poco lateral, marginal. Escribí un par de artículos sobre el tema (²) y seguí conversando y leyendo esporádica y caóticamente sobre el asunto. Hacia 1980, Armando Nogués, del ITES (Instituto Teológico de Estudios Superiores), en Ciudad de México, me empujó seguir trabajando al respecto. Finalmente, en 1984, el CESEP (Centro Ecuménico ao Serviço da Educação Popular, en São Paulo, Brasil) me invitó a dar un curso intensivo sobre "análisis de la realidad". Yo propuse preceder ese curso con una semana de reflexión sobre "el problema del conocimiento". Los asistentes —más de treinta— eran agentes de pastoral, activistas políticos, sindicalistas, líderes campesinos y de *favelas*, cristianos en su inmensa mayoría, venidos de cerca de quince diferentes países de América Latina. Las discusiones y la evaluación crítica del curso realizadas por los participantes me mostraron dos cosas: valía la pena continuar trabajando el tema ... pero era necesario conversar más al respecto con gente como la que participaba en ese curso.

Una Falta de Materiales de Lectura Apropiados

Desde 1988, entonces, rehíce varias veces ese curso —y las notas y lecturas para el mismo— al calor de las contribuciones, críticas, comentarios, evaluaciones y sugerencias de, sobre todo, los cursistas del CESEP (y, en el primer semestre de 1990, de los estudiantes de la escuela de teología de Maryknoll, en Nueva York). Las evaluaciones de todos esos cursos coincidían en dos puntos al menos: valía la pena trabajar en grupo este tema en forma parecida a como lo estábamos haciendo, sí, pero era preciso contar con materiales de lectura (además de los esquemas-guía del curso) para preparar, profundizar y proseguir la reflexión sobre el tema.

El problema continuaba siendo el mismo de 1984 en cuanto a bibliografía: los textos y autores más críticos, creativos e innovadores en la materia continuaban siendo inaccesibles para el público mayoritario por razones de idioma, marco cultural, precio y/o lenguaje demasiado especializado. Algunos cursistas del CESEP me aguijonearon: ¿Por qué no ponerme entonces a desarrollar por escrito el curso que ya estaba presentando y que contaban con los invalorables aportes de varios grupos latinoamericanos de cursistas del CESEP? Pero ¿con qué tiempo y con cuáles recursos, dónde y cuándo? Luego de conversar con el equipo coordinador del CESEP —y de éste intercambiar impresiones con el equipo de asesoría del Instituto de Estudos de Religião (ISER-Assessoria) de Río de Janeiro— llegamos a un plan concreto: yo me comprometía a trabajar cerca de seis meses en Río de Janeiro, entre dos cursos del CESEP, en la redacción de un libro sobre este tema; el CESEP y el ISER conseguirían el apoyo financiero de la fundación católica europea Broederlijk Delen para hacer eso viable; y el equipo de asesoría del ISER me invitaba a participar de su trabajo interdisciplinario, a la vez que haría una lectura crítica de mis materiales a medida que éstos fueran redactados. Así, pues, surgieron estos "mapas para la fiesta": obra comunitaria hecha posible por los aportes intelectuales, afectivos, económicos y de otro tipo, de un montón enorme de gente querida. Ojalá que —si ellas las leen— puedan sentir en estas páginas su participación y mi reconocimiento agradecido.

¿Y Qué Vamos a Entender, pues, por "Conocimiento"

Hay muchos modos diferentes de clasificar las realidades y experiencias con las que entramos en relación, muchas posibilidades de entender cómo es "en el fondo" la realidad y cómo; muchas maneras distintas de explicar por qué las cosas son como son y andan como andan, y —también— muchas y muy diversas formas de tratar de influir sobre la realidad para intentar hacerla marchar según nuestras necesidades e intereses.

Entendamos por "conocimiento" —por ahora y para comprendernos—precisamente esos esfuerzos por clasificar, entender y explicar cómo y por qué la realidad es como es y funciona como funciona.

Si es así, podríamos decir que hay muchas vías y maneras a través de las cuales las personas y comunidades humanas intentamos conocer lo real: hay muchas formas y tipos de conocimiento.

Sería, quizá, hermoso, si aceptásemos con sencillez, humildad y respeto esa posibilidad pluralista. Desafortunadamente, en la vida real de las sociedades humanas de hoy en día, ello no es así. Ciertos modos de conocimiento —ciertas reglas y modelos del conocer— son favorecidos con financiamiento, publicidad, reconocimiento oficial, enseñanza académica, etc. Otras maneras de conocer

—tradicionales o novedosas— son, en cambio, ignoradas, despreciadas, ridiculizadas, e incluso, bajo ciertas circunstancias, reprimidas, prohibidas y perseguidas.

Las razones de esos privilegios y persecuciones son múltiples y ya hablaremos un poco de ello más adelante. Por ahora, quisiera señalar que —para mí— allí está precisamente uno de los más importantes *problemas* del conocimiento: el problema de la discriminación, el maltrato y la eliminación de ciertas formas de conocimiento y, peor, de las *personas* y comunidades que las comparten.

Cuando una cultura, una nación, o una agrupación humana se sienten dueñas de la verdad —sobre todo si tienen poder militar para imponerse— surge allí un gran peligro para el resto de la humanidad: el riesgo de que quienes comparten esa forma de conocer, arrogantes y armados, infieran miedo, dolor y muerte a quienes tienen otras formas de ver y de vivir la vida. La mayor parte de los "ismos" (dogmatismos, sectarismos, autoritarismos, imperialismos y totalitarismos) son probablemente eso: modos de conocimiento arrogantes que —si llegan a ser compartidos por grupos poderosos— acaban siendo impuestos por la fuerza a quienes comparten otras maneras de conocer. Históricamente, tenemos los casos de las inquisiciones (tanto católica como protestante), del holocausto de los judíos bajo el nazismo, del "gulag" stalinista en la antigua U.R.S.S. y del "maccartismo" estadounidense.

Así, pues, desafortunadamente, el conocimiento también puede aumentar el dolor y la injusticia, en lugar de brindar motivos para la fiesta.

Otra cuestión central —para mí— es quizá la más anciana preocupación humana con relación al conocimiento, la que hizo nacer todas las disciplinas y escuelas que estudian el conocimiento: ¿Por qué la realidad, a menudo, se comporta tan diversamente de como entendemos, prevemos y queremos? En otras palabras, ¿Por qué erramos tan a menudo en nuestro conocimiento de la realidad? Es decir, ¿Por qué, con tanta frecuencia, los caminos que parecían llevar a la satisfacción, a la paz, a la alegría, nos conducen por otros rumbos? ¿Por qué, en lugar de acertado "mapa para la fiesta", nuestro conocer nos desencamina tantas veces tan lejos de las ocasiones de celebración comunitaria?

Algunas Aclaratorias Importantes

Estas reflexiones parten, entre otras, de éstas sencillas convicciones:

■ Nuestro modo real de vivir moldea nuestra manera de ver la realidad, llevándonos usualmente a creer que "las cosas *son* sin duda como las vemos" y que "otras maneras de verlas son, simple y evidentemente, *falsas*";

■ Nuestra manera de percibir la realidad nos lleva a ver —y ejecutar— ciertos comportamientos como "normales", y, por el contrario, a rechazar otras conductas como "anormales";

■ A menudo, nos resistimos a criticar y modificar nuestra manera de captar la realidad —así como nuestro comportamiento ante la realidad— y esa resistencia constituye, con frecuencia, un obstáculo más para transformar *la realidad circundante*;

■ Si queremos transformar nuestra realidad, quizá sea entonces conveniente ejercitar y desarrollar nuestra capacidad de criticar y modificar nuestros modos de percibir la realidad —así como nuestro potencial de escucha y aprendizaje ante otras maneras de ver y de vivir.

*

Precisamente por estas últimas convicciones, quisiera compartir con quien lea estas líneas algunas ideas que ojalá *no* refuercen una tendencia muy común pero muy destructiva: la tendencia de aceptar en bloque —ingenua, dogmática y sectariamente— los conjuntos de ideas que parecen sólidos, coherentes, lógicos, convincentes y aptos para resolver problemas candentes de alguna comunidad. Esa tendencia es quizá tan fuerte como la complementaria: la tendencia a rechazar de entrada cualquier idea que parezca contradecir o amenazar nuestro modo de captar las cosas y de vivir en el mundo.

Así, pues, sugeriría cosas como las siguientes:

■ Las ideas que voy a presentar en este texto las veo no como "verdades definitivas" a ser creídas o aceptadas. No: las entiendo más bien como ideas que se les han ocurrido a muchas personas y que —a mí también— nos resultan provocativas, fértiles, fascinantes, sugestivas, interesantes, fecundas. Por lo tanto, sugeriría a quien las lea que no las acepte ni las rechace a primera vista: que examine, primero, si hay algo en alguna o varias de ellas que le resulte estimulante para imaginar, pensar, clarificar, comprender, crear o resolver algo en su vida comunitaria y/o personal. Y luego —pero sólo luego— que discierna lo que pueda haber de falso, exagerado, unilateral y/o contradictorio en alguna(s) de estas ideas, lo separe de lo fértil —que siempre habrá algo de fecundo ¿no?— y se quede, al menos por un tiempo, con esto último. Al fin y al cabo, éstas no son puras ideas: son ideas cocinadas con carne, deseos, amores, odios, dudas, miedos, sueños, caos, alegrías, dolor, costumbres, intereses, recuerdos, esperanzas y otros ingredientes muy humanos en su receta. Son *hipótesis* —ocurrencias no demostradas, como quizá todas las ideas humanas— que a algunas comunidades y personas les resultan, en esta última década de desesperanza latinoamericana, lo que dije: ideas fértiles, fecundas, fructíferas para entender y transformar algunos de los modos como conocemos y como tratamos de cambiar nuestras realidades. Claro que quienes temen la duda, la crítica y el cambio —por los motivos que sean— quizá encuentren este texto "duro de tragar".

■ Éste, como cualquier otro texto, es *incompleto*: hay muchísimas ideas que podrían y deberían estar aquí y, sinembargo, por mil y una razones, no están. Por ello, la gente que lo lea podría (¿y debería?) sentirse libre y convidada a introducir, en cualquier punto, sus propias ideas, experiencias, intuiciones, etc., para completar, matizar, corregir y enriquecer las reflexiones aquí presentadas.

■ La coherencia y el orden de este texto, como quizá los de cualquier otro, son *una coherencia y un orden artificiales*: son el resultado del arte, la maña, la costumbre y las inclinaciones de su autor —no de "la realidad real". Las personas que lo lean siéntanse, por ende, invitadas y estimuladas a desmontar el orden artificial de este texto, a criticar su lógica, a quitar y agregar lo que les parezca y, en fin, a reorganizar las ideas aquí presentadas de la manera que les resulte más suya.

■ El modo de presentar las ideas aquí contenidas no es "el mejor" posible, de ningún modo: hasta para su autor —pero ciertamente mucho más aun para lectores con una vida, un lenguaje e intereses diferentes— este libro podría y debería ser mejorado en un millar de aspectos (orden, presentación, ejemplos, recursos gráficos y de otro tipo, claridad, humor, actualidad, documentación, etc., etc.). Así, pues, queden los lectores exhortados a criticar este libro sin medida ni vergüenza alguna, e incluso a recrearlo de modo totalmente nuevo y distinto.

■ Como muchas ideas, las mías están aquí puestas en *palabras*. Mucha de la confusión que puede traer un libro está en la manera como su autor usa las palabras. Antes de armar un lío, déjenme subrayar lo siguiente: las palabras —ellas, las pobres— no quieren decir *nunca nada* —ellas no pueden "querer", pues no son seres vivientes sino garabatos o gorgoritos inventados por la gente. Quienes *queremos decir* algo somos las personas. Y para eso *usamos*, entre otras cosas, palabras. A veces, con ellas, logramos significar, transmitir, comunicar lo que queremos decir. A veces no. Lo más importante, pues, no son las palabras, sino lo que intentamos comunicar con ellas. Pido, pues, a los lectores que no se aferren a las palabras aquí usadas; que lo que importa es el deseo que está detrás de las palabras.

■ La intención de este libro *no es presentar sólo ideas originales*: muchas de las opiniones aquí expuestas las he hallado a lo largo de la vida en conversaciones, escritos, preguntas y conferencias de otros seres humanos, así como en experiencias, reflexiones, charlas y discusiones propiamente mías. Lo más "original", quizá, es intentar poner juntas ideas que he encontrado separadas y tratar de presentarlas en un lenguaje más latino y más común en estos fines del siglo veinte. Agregue el lector sus propias concepciones y las que ha hecho suyas, quite y mude lo que quiera, y así hará un conjunto más original por ser más suyo.

Ojalá que estas reflexiones contribuyan a crear (o reconstruir) "mapas" realmente *nuestros*, que sirvan para orientarnos comunitariamente de un modo menos agresivo, violento y destructivo que los modos dominantes de conocer la realidad: mapas más aptos para producir y sostener trabajo solidario, justicia y ternura entre las personas y comunidades humanas —y así entonces poder encontrarnos, cada vez más gente, más a menudo, en buenas fiestas para celebrar, alimentar y alegrar vidas que valgan, profundamente, la pena ... ¡ojalá!

CAPÍTULO Uno

¿Influye la Experiencia en Nuestro Conocer?

En 1982, cuando fui por tercera vez a Managua, me tocó por primera vez andar por mi cuenta. Aprendí a usar el bus que iba entre la residencia donde me alojaba, la universidad donde trabajaba y un centro comercial donde me gustaba comer unas deliciosas pizzas hawaianas. Un día me invitaron a una reunión en un lugar que desconocía. Salí para la reunión, prudentemente, con casi dos horas de antelación. Tenía la dirección exacta y el dinero para tomar un taxi (en una ciudad mucho más pequeña que la mía —Caracas— y donde todo el mundo hablaba mi idioma). Pero cada vez que paraba un taxi o un autobús —o le preguntaba a alguien cómo llegar a mi destino— me encontraba con preguntas o sugerencias incomprensibles como "Lo puedo dejar donde quedaba 'Telcor de Villafontana'" o "Vaya primero a 'La Voz de Nicaragua', siga unas cien varas al lago y luego siga arriba en taxi" o aun "¿Eso queda en Altamira d'Este?". Pero, ¡¿qué demonios sabía yo "donde quedaba" nada antes del terremoto, si ésta era mi primera visita larga a Nicaragua?! ¡Y qué era eso de "al lago", "a la montaña", "arriba" o "abajo"? ¡Yo estaba acostumbrado a Norte, Sur, Este y Oeste! ¿Y las benditas varas? ¡En mi país medimos en cuadras y metros! Y en fin ¡¿Qué sabía yo lo que son "La Voz de Nicaragua" o "Altamira d'Este"?! Total que, después de dos horas inmovilizado en una parada de autobús, me devolví desesperado a la universidad y le pedí a uno de mis colegas el favor de llevarme en auto, de prisa, a la bendita reunión que ya debía estar comenzando.

Pasé entonces más de dos meses en Managua. Aparte de mi consabido autobús entre la casa, el trabajo y las pizzas hawaianas, nunca logré moverme solo en esa acogedora y cálida ciudad. De hecho, la mayoría de los extranjeros que conocí allí en esos meses me confirmaron que —desafortunadamente— yo era apenas uno de muchos "perdidos" en Managua ... a ratos tan perdidos como caribeños por primera vez en el polo norte.

Y hablando de polo norte: en las comunidades indígenas tradicionales que viven en las zonas más frías de los países norteños —llamadas "esquimales", palabra despectiva que ellos rechazan— se da un fenómeno sumamente interesante que tiene mucho que ver con nuestro tema. Donde a los habitantes de las ciudades o de zonas rurales más cálidas nos parecería que todo tiene un solo color —el "blanco"—, los "esquimales" son capaces de distinguir una enorme variedad de colores ... y hasta tienen variados nombres para colores que otros veríamos, a lo sumo, como simples y escasos matices del "blanco" ("matices del blanco", además, que otras personas distinguiríamos sólo si los vemos al lado de otros "tonos" del "mismo" color). Gracias a esa habilidad, es que los "esquimales" han logrado vivir durante siglos en territorios cuyas temperaturas están casi todo el año "bajo cero". O, mejor dicho, porque han vivido siglos en regiones congeladas durante la mayor parte del año, los "esquimales" han desarrollado la capacidad de distinguir y reconocer muchos colores variados allí donde otras personas vemos sólo un mismo y único color.

*

Nuestra vida, nuestra experiencia —personal o colectiva— influye fuertemente en nuestro conocimiento, en lo que conocemos y en la manera cómo lo conocemos. Nuestra experiencia repercute también —y quizá esto es más importante aun— en lo que *desconocemos* y en la manera como *nos las arreglamos para no conocer* algunas cosas y para negar, o justificar, ese desconocimiento. Es de estas cosas que quisiera hablar en esta parte del libro.

La vida de toda persona y de toda comunidad humana es extraordinariamente rica —aun si ha sido breve y limitada en los recursos a su alcance. Todos tenemos una enorme cantidad de relaciones con cosas, personas, grupos, instituciones, símbolos, etc. Estamos llenos de recuerdos, sensaciones, sentimientos, imágenes, ideas, teorías, deseos, intereses y temores. Todo eso conforma nuestra *experiencia*: lo que vivimos, sentimos, sospechamos, intuimos, esperamos, recordamos, tememos, buscamos —conscientemente o no. Lo que experimentamos en el presente a partir de lo que ya hemos vivido en el pasado, eso es nuestra experiencia. Y lo que quiero sugerir aquí es que la vida, la experiencia, tanto individual como colectiva, moldea nuestro modo de ver la realidad, nuestra idea de qué es y qué no es conocimiento, de qué es y qué no es verdad; influye en qué cosas —¡y personas!— vemos como importantes, serias, centrales, bellas, buenas, justas, normales, apropiadas ... ¡o todo lo contrario!

Lo que propongo, pues, en la primera parte de estas reflexiones sobre el conocimiento es la idea de que *nuestra experiencia impacta decisivamente nuestro conocimiento de la realidad.* Y propondría los siguientes objetivos para desarrollar y profundizar esa idea:

■Tomar conciencia de la enorme influencia que nuestra experiencia tiene sobre nuestro conocimiento de la realidad;

■Apreciar y analizar la infinita riqueza y complejidad de la experiencia de cualquier persona o agrupación humana;

■Reflexionar críticamente sobre el impacto de

nuestra experiencia en nuestro conocimiento —sobre todo en los aspectos menos conscientes y menos agradables de tal impacto;

■Suscitar en nosotros una visión más pluralista, respetuosa, abierta, humilde y crítica de lo que reconocemos, valoramos y apreciamos como *conocimiento*.

Algunas Dimensiones del Problema

Quisiera dividir la presentación de este asunto —el problema de la influencia de la experiencia en el conocimiento— en cerca de una decena de aspectos o dimensiones que me parecen interesantes, pero cuya importancia es, sin duda, variable y discutible.

La experiencia de lo decisivo para la vida

Toda especie viviente parece esforzarse por mantenerse viva. Los miembros de cada especie parecen actuar en consecuencia: tratan de conservar su vida y la de los más cercanos miembros de su misma especie. Algo similar acontece también con los humanos.

Una niña criada en una "favela" de Río de Janeiro, por ejemplo, aprende muy pronto que las cometas que vuelan sus compañeritos significan cosas muy importantes según el color que tengan. Rojo significa algo así como "peligro: la policía está invadiendo el barrio". Así, la niña aprende que cuando vuelan cometas rojas en su barrio es mejor correr y esconderse en casa (si está cerca), o donde alguna vecina conocida y querida (si no está muy cerca de casa), o esperar antes de entrar en el barrio (si, por ejemplo, viene de la escuela y aun no ha entrado en la "favela"). De otro modo, se corre riesgo de muerte: cometas rojas implican que ¡en cualquier instante comienza un tiroteo!

A lo largo de los años vamos aprendiendo —tanto por experiencia personal como transmitida— qué objetos, situaciones, conductas o personas pueden servir para *conservar* nuestras vidas y cuáles podrían *amenazarlas*. Esa búsqueda de lo vital —y el temor complementario de lo mortal— es parte de lo que nos empuja constantemente a tratar de conocer la realidad.

Hay quienes llegan a sostener —y creo que la idea es fértil siempre y cuando no sea exagerada— que el conocimiento es una capacidad surgida de la necesidad de conservar la vida y surgida para conservarla, una forma de adaptación al medio ambiente en aras de resguardar la vida ([1]).

Pero la vida —así como lo que la protege y lo que la amenaza de muerte— es algo que varía enormemente de una época, persona, género, clase social, raza, edad, región o comunidad, a cualquier otra. Quizá sea esa una de las múltiples razones por las cuales los seres humanos desarrollamos visiones tan variadas de la realidad.

Comida, oxígeno, agua, abrigo, medicinas, afecto y solidaridad son varias de las cosas sin las cuales perecería cualquier persona o población humana. Regiones diferentes, empero, tienen diversos recursos utilizables para comer, construir viviendas, producir medicamentos, u organizarse para explotar esos recursos. En la experiencia concretísima de la lucha por la vida dirigimos nuestra atención a lo que nos parece clave para sobrevivir. Así vamos desarrollando ciertos órganos (oído, manos, vista, etc.) y algunas capacidades (manejar un cuchillo, escribir a máquina, detectar plantas medicinales, leer, resolver conflictos, etc.) que sirven —entre otras cosas— para conocer nuestra realidad concreta. Al mismo tiempo, dejamos de desarrollar otros órganos y capacidades que no son estimulados por nuestro medio ambiente natural ni social, pero que en otras circunstancias podrían ser extraordinariamente útiles para conocer la realidad y sobrevivir exitosamente en ella.

Así, conocemos ciertos aspectos de la vida, algunas regiones, determinadas técnicas, etc., pero —quizá *siempre*— es muchísimo más lo que ignoramos y desconocemos que aquello que dominamos y sabemos ... y nos damos cuenta de esto sobre todo —o únicamente— cuando nos toca enfrentar realidades enteramente inesperadas. Y, sin embargo, el "dominar" ciertos conocimientos nos puede brindar una cierta ventaja sobre quienes "carecen" de los mismos, hasta el punto de convertir ese "saber" en "poder": incluso en poder para aprovecharnos de otras personas y para mantenerlas en la "ignorancia" de lo que podría servirles para vivir una vida más verdaderamente *suya*.

Así, una niña Inuit ("esquimal") puede perfectamente sobrevivir a una tempestad de nieve en Alaska, mas quizá no a un apagón en Bogotá o a una inundación en Nicaragua. Una ingeniera argentina exiliada podría "triunfar" en el mercado de trabajo de Río de Janeiro, pero si se llega a extraviar en una montaña de su propio país quizá no logre sobrevivir. Un saludable joven indígena guatemalteco —capaz de distinguir y cultivar mil plantas alimenticias y medicinales— forzado a emigrar ilegalmente a los E.U.A., puede perecer por falta de alimento y atención médica al no tener visa, empleo, dinero, hogar ni seguro médico. Una obrera venezolana embarazada que desconozca sus derechos puede resignarse a ser expulsada de su empleo y así perder su bebé por las angustias y otras consecuencias del desempleo.

Así pues, la experiencia real de lo que nos resulta vital o mortal estimula el desenvolvimiento de ciertas capacidades y órganos que pueden sernos extraordinariamente eficaces para entender y manejar situaciones familiares o parecidas. La misma experiencia, como contrapartida, usualmente impide que maduremos (y a veces nos lleva a atrofiar) otras capacidades que podrían resultarnos decisivas ante ciertas circunstancias novedosas.

La experiencia de las alegrías y dificultades de la vida

Vivir la vida es, entre otras cosas (¿y quizá sobre todo?), buscar la *buena vida*, no meramente sobrevivir. La vida que se reduce exclusivamente a la lucha por la supervivencia —por no morir y nada más— es vivida como una pesadilla, como una situación desesperada, como un mal. Tal es el caso de las personas y poblaciones víctimas de graves enfermedades, hambrunas, violencia física o sicológica.

Pero la vida que buscamos y apreciamos es aquélla que sentimos como vida abundante: vida que es posible gozar junto con los demás sin poner en peligro el que los otros también la gocen; vida a disfrutar sin destruir la posibilidad de continuar disfrutándola hasta la vejez; vida digna de celebrar en comunidad y de recordar luego con añoranza ... ¡la buena vida! Esa vida —la vida que vale la pena vivir y que nos incita a degustarla— no es pura lucha contra la muerte: es búsqueda del placer en común, la alegría duradera, el deleite profundo, el gozo gratuito, la dicha contagiosa. La buena vida —la vida que merece ser conservada, nutrida, comunicada, reproducida y festejada— es disfrute compartido del afecto, la compañía, el trabajo, la comida, el descanso, el arte, el juego, la oración, el baile ... ¡y la fiesta!

La buena vida es, asimismo, aptitud para asumir creativamente el dolor propio como dimensión intrínseca de la vida misma. Es, también, disposición para apreciar y acompañar la aflicción ajena con solidaridad y ternura. Pero la buena vida es, igualmente, esfuerzo por superar el sufrimiento injusto y evitar el dolor innecesario.

Quisiera proponer la idea de que, en el fondo, todo conocimiento es un esfuerzo de *reconstrucción* de la experiencia, de *puesta en orden* de nuestra experiencia, precisamente para orientarnos en la búsqueda de la buena vida. Dicho de otro modo, las personas y comunidades humanas tendemos a reconstruir (es decir, a *conocer*) la realidad a fin de orientarnos en el rastreo de los caminos hacia la buena vida. Por eso me gusta la imagen de los "mapas" o "planos": el conocimiento podría entenderse como fabricación de "mapas mentales" de la realidad, basados en la experiencia pasada (tanto personal como colectiva), para orientarnos en el presente hacia el logro futuro de la buena vida.

De un modo más simplista —pero que puede ser útil— diría que el conocimiento es un esfuerzo por reconstruir "mentalmente" la realidad a fin de encauzarnos hacia lo placentero y apartarnos de lo doloroso. Pero la realidad real es mucho más complicada: sabemos bien, por experiencia, que algunas personas y agrupaciones humanas derivan placer de actividades que causan sufrimiento y destrucción a otros seres humanos o hasta a sí mismos; sabemos que muchas maneras de ver la vida (de conocer, pues) empujan a algunas personas a vivir a costas del dolor y la muerte de otras.

Un antiguo dicho latino reza así: *primum vivere, deinde philosophari* ("primero vivir para luego filosofar"). Parodiándolo, podría decirse que primero experimentamos la vida, con sus penas y alegrías, para luego preocuparnos por conocer la realidad en la que vivimos. Antes de conocer, antes de (pre)ocuparnos de tratar de entender la vida, la realidad, está la experiencia misma de la vida, de la muerte, del goce, del dolor. Y quizá serían estas experiencias —junto a las de sorpresa, fascinación, curiosidad, sufrimiento, añoranza o deseo— las que estimulan más profundamente nuestra imaginación cognoscitiva, nuestra capacidad creativa de conocer.

Esas realidades de la vida, de la dicha de vivir (recordada, frustrada, añorada y/o deseada), de la muerte (temida, lamentada, esperada, sorpresiva) y el dolor (propio, ajeno, remoto o no, físico, emocional, etc.) están entre las que nos incitan a interrogarnos por qué las cosas son como son, si acaso podrían ser de otra manera y cómo se las podría transformar: de modo que, por ejemplo —en lugar de sufrir injustamente— pudiésemos disfrutar gozosamente de la buena vida compartida.

Por ello, quizá, es que a veces nos resulta tan fácil "sólo ver lo que nos conviene ver". Porque, con frecuencia, sospechamos que la realidad es mucho más compleja, ambigua, riesgosa y exigente de lo que creíamos y queríamos. Entonces, resulta más placentero, cómodo y sencillo imaginar y creer —a pie juntillas— que las cosas son como creemos y queremos que sean: que la vida es más sencilla y fácil de entender y de manejar que lo que en realidad resulta a menudo.

Así acontecen cosas como la que me contó mi amiga Ana. Poco después del parto de Andrea, fue a visitarla y a conocer al reciénnacido. Andrea y Ernesto tenían cinco hijos para entonces. Al jugar con el bebé, Ana notó que éste no reaccionaba normalmente a la luz ni a los sonidos. Compartió su preocupación con Ernesto y Andrea. Éstos se incomodaron y, airados, le pidieron a Ana que se marchara de la casa y diera por terminada la amistad con ellos. Desafortunadamente, un año luego, el pediatra confirmó las sospechas de Ana y los temores secretos de Andrea y Ernesto.

Algo análogo me pareció percibir una vez en el caso de Eugenio, un dirigente sindical que me sugirió una vez que lo mejor para cualquier sindicato sería pasar constantemente el liderazgo a obreras y obreros jóvenes bien probados en la lucha sindical. Empero, cuando me lo encontré siete años luego, aun era presidente de su sindicato. Parecía no defender más aquellas ideas. Sus energías estaban concentradas ahora, en cambio, en convencer a sus colegas de que lo reeligieran a él por un nuevo período. Quizá porque —en lugar de volver a la dura vida de agotadoras, monótonas y ensordecedoras jornadas de trabajo en la fábrica— prefirió la vida de dirigente sindical: disfrutar del mismo (o mejor) salario sin tener que ir casi nunca a la fábrica y con mucha mayor libertad para organizar la propia vida.

En cualquier caso, estas experiencias me confirmaron lo que quiero sugerir aquí: que las alegrías y los dolores que han marcado nuestras vidas, marcan también la manera como tendemos a percibir, a ver, a conocer la realidad. Y que por eso, a veces, nos cuesta aceptar ciertas realidades, o, por el contrario, se nos hace muy difícil reconocer que buena parte de nuestra "realidad" es invento nuestro.

La experiencia de aceptación afectuosa

Nuestra manera de entender la vida, de relacionarnos con la realidad, con las demás personas y con nosotros mismos; con nuestros deseos, dolores, esperanzas y alegrías; con el pasado, el presente y el porvenir, *no* es algo plenamente libre y personalmente escogido por cada uno de nosotros. Tampoco es algo "natural, eterno e idéntico" para todos y cada uno de los seres humanos. ¡No!: la manera como las personas y comunidades humanas sentimos y definimos qué es lo central para nuestras vidas, qué es lo que más amenaza nuestra sobrevivencia y nuestra seguridad, qué es lo que más nos atrae y satisface, etc., es algo *afectivamente condicionado, emocionalmente marcado*, hondamente influido por nuestras relaciones con otros seres humanos desde la misma infancia.

Las experiencias más decisivas de felicidad o de sufrimiento son experiencias *en relación con otros seres humanos* y con una honda dimensión *emocional, afectiva*. Pensemos, por ejemplo, en la aceptación por parte de una persona amada, la muerte de seres queridos, el logro de un apartamento o la pérdida del empleo.

El sufrimiento, el miedo, la indiferencia, la esperanza y la alegría están muy ligados a la vida social, colectiva, comunitaria: a lo que nuestros semejantes, familiares, ancestros, vecinos, colegas, amistades, dirigentes, tradiciones y medios de comunicación han venido definiendo como deseable o no; como digno de felicitación o, por el contrario, de lástima o de rechazo.

O, para decirlo en palabras diferentes: el modo como definimos y experimentamos (es decir, como *conocemos*) lo vital, lo placentero, lo indiferente, lo amenazante o lo insoportable, es un modo parcialmente "heredado", enormemente "aprendido", "recibido" de nuestra comunidad (parientes, ancestros, vecinos, amistades, colegas, autoridades, etc.) desde nuestra niñez. Y la manera como heredamos, recibimos, aprendemos, imitamos, reproducimos y repetimos esos y muchos otros "marcos" de nuestra visión de la realidad es a través de la muy peculiar experiencia *de aprobación afectuosa* o de rechazo reprobatorio de nuestra conducta por parte de personas emocionalmente importantes para nosotros.

Las personas que durante la niñez han sido rodeadas de auténtico afecto, estima, respeto por sus opiniones y deseos, etc., tienen —generalmente— una visión de sí mismas y de la realidad circundante bastante diferente de aquéllas otras que han sufrido sobreprotección, abandono, abuso físico o desprecio sistemático. Hasta el punto, por ejemplo, de que algunas mujeres que fueron golpeadas por sus padres cuando niñas, educan a sus propios hijos a golpes y desconfían del marido que no las golpea. Asimismo, muchos hombres que fueron violados en su infancia, sólo logran relacionarse sexualmente violando a otros seres humanos.

Esto parece ser cierto no sólo a nivel individual sino, también, colectivo: los grupos sociales que sufren discriminación, marginación, desprecio y abuso sistemáticos tienden a ver el mundo de un modo mucho más caótico, amenazante y violento que los sectores acostumbrados al respeto, la estima y la buena atención.

Permítaseme entonces señalar que es muy probablemente así que cada uno de nosotros aprendió a ver, a *conocer* de un cierto modo la realidad. Apenas iniciándose nuestra niñez, comenzamos a experimentar que, ante ciertos rasgos y comportamientos nuestros, las personas más queridas (que también eran, a menudo, las que más necesitábamos e incluso a veces las que más temíamos) nos miraban con agrado, nos tomaban cariñosamente en sus brazos, nos hablaban afablemente, y —algunas veces— nos recompensaban con algo que nos daba inmenso placer. Así fuimos asociando un cierto agrado —según el *grado* de aprobación— a ciertas formas de ser y de comportarnos. Igualmente, empezamos a descubrir que otras conductas y características nuestras llevaban a esos mismos seres queridos a mirarnos con desagrado, a maltratarnos físicamente, a gritarnos insultos, a amenazarnos con retirarnos su afecto o a privarnos de cosas que queríamos. Así comenzamos a asociar diversos grados de dolor, miedo, rechazo e inseguridad, con algunos atributos y acciones nuestras.

Más adelante en la vida son los maestros, vecinos, colegas, jefes, las autoridades educacionales, religiosas, gubernamentales, policiales, culturales, etc., quienes pasan a ocupar el papel de los parientes y las amistades de la niñez. A menudo, sin percatarnos, buscamos la aprobación de esas personas: sentimos gusto al contar con su aceptación y eso nos lleva a reforzar ciertos hábitos y a abandonar u ocultar otros. Cuando, por el contrario, nos sentimos repudiados por las personas que nos resultan importantes, eso nos lleva con frecuencia a modificar o a disimular nuestra manera de pensar, actuar y opinar. El peligro de no graduarnos, de perder el empleo, de quedarnos sin hogar o de ver manchada nuestra reputación se nos pueden presentar como peligros *mortales*, hondamente asociados al dolor y al miedo que producía el rechazo afectivo en nuestra infancia o adolescencia.

Así vamos, imperceptiblemente, recibiendo y reelaborando una visión del mundo, "mapas" de la realidad, marcos y orientaciones para diferenciar y discriminar lo que nuestra colectividad acepta —y lo que rehusa— como *conocimiento* verdadero, como fuentes válidas del saber, como autoridades científicas legítimas, etc. Vamos también —las más de las veces sin conciencia de ello— heredando y recreando una organización mental de qué es lo importante, lo grave, lo urgente de conocer, y qué es, por el contrario, secundario, anodino, irrelevante o marginal para el conocimiento. Asimismo, vamos aprendiendo y rehaciendo ciertas ideas acerca de qué es lo racional, lo científico, lo real mismo; y qué es, en cambio, absurdo, anticientífico, utópico o supersticioso.

Para cerrar este punto, propondría la hipótesis de que una de las cosas que más influye en nuestro modo de ver la realidad, de *conocerla*, es nuestra necesidad de aceptación afectuosa por parte de la gente más cercana a nosotros y con mayor poder sobre nuestras vidas, así como nuestra necesidad paralela de reducir el riesgo de ser rechazados por esas mismas personas.

La experiencia de las normas sociales

Toda sociedad necesita y elabora normas, explícitas e implícitas, para la existencia colectiva: hábitos de trabajo; ritos religiosos; costumbres, tabúes y prohibiciones en cuanto a la comida y la sexualidad; metas para la vida personal; cosas que producen escándalo; acontecimientos a celebrar; castigos a ciertos tipos de conducta; reglas según edad, sexo, estatuto familiar, etc.

Lo que se acostumbra hacer dentro de esas normas, lo que es realizado cotidianamente a la vista de todos sin provocar rechazo colectivo, lo que es favorecido o admitido aunque sea implícitamente, así como todo lo que es estimulado y premiado públicamente, eso se hace o se confirma como lo normal.

Por el contrario, lo que es mal visto, desestimulado, criticado o reprobado por la mayor parte de los miembros de una sociedad; lo que provoca escándalo, persecución, exclusión o castigo en una comunidad, por las razones que fuesen, eso termina convirtiéndose en —o consolidándose como— lo anormal.

En las sociedades humanas, los estímulos y premios otorgados a la conducta normal hacen que se asocie la normalidad al *placer* de la aceptación. Y viceversa: el rechazo y los castigos que siguen a la conducta anormal hacen que, con frecuencia, se identifique un cierto miedo y *dolor* con la anormalidad. Por eso, si lo prohibido nos atrae tanto que nos atrevemos a violar alguna regla de la comunidad, generalmente lo hacemos *en secreto* (quizá de ahí la asociación entre lo placentero, lo prohibido y lo secreto). Así intentamos evitar la aflicción del rechazo colectivo. Sin embargo, la propia culpa puede convertir en insoportable el continuar violando las reglas de nuestra comunidad.

Cuando premiamos a una ahijada por haber aprobado un nuevo año escolar, o cuando felicitamos a una sobrina por haber dedicado tiempo a ayudar a unos compañeritos de clase con dificultades en matemáticas, estamos —al mismo tiempo, sin darnos cuenta— enseñándoles ciertas normas necesarias para la vida en comunidad. Y, sin proponérselo ni saberlo nadie, estamos enseñándoles a conocer la realidad, a ver el mundo de una determinada manera: a reconocer la necesidad de esfuerzos —a veces dolorosos— para alcanzar lo que se quiere de la vida: a percibir la existencia de circunstancias que hacen ciertas cosas más difíciles para algunas personas y más accesibles para otras; a apreciar la solidaridad como manera de superar las limitaciones particulares, etc.

Desafortunadamente, en sociedades injustas, *muchas normas sociales ocultan y perpetúan las injusticias*. Así, sin saberlo ni quererlo, cuando aceptamos y enseñamos ciertas normas, a veces también contribuimos a que lo injusto se vuelva normal. Por ejemplo, cuando le decimos a nuestros hijos que si no estudian van a terminar desempleados, de mendigos y muertos de hambre, eso puede fácilmente inducir en los niños la idea (por lo demás muy común) de que los pobres son pobres porque no les dio la gana de estudiar; que la pobreza es un problema de defectos individuales y que uno no tiene por qué preocuparse por la pobreza de los demás.

Diría entonces que, en general, todos tendemos a reconstruir la realidad —es decir, a verla, a conocerla, a "mapearla"— en aras de *lograr* lo que hemos experimentado como vital, placentero y/o aceptable; y, paralelamente, tratando de *evitar* lo que hemos aprendido a ver como fuente de peligro, dolor o rechazo. Así, a menudo, percibimos la realidad —frecuentemente sin siquiera darnos cuenta— como si lo normal fuese lo único verdaderamente *real* (lo único deseable, posible, importante, etc.); y, por otra parte, lo que hemos aprendido a considerar como anormal tendemos a captarlo como *irreal* (o indeseable, imposible, irrelevante, etc.)

Una amiga médica, cubana exiliada, tuvo muchas dificultades para adaptarse a la vida en Puerto Rico. No tenía ganas de volver a Cuba y se ganaba muy bien la vida en una clínica privada de San Juan. Sin embargo, no lograba adaptarse a la idea de cobrar por resolver problemas de salud de otros seres humanos, ni tampoco a ver gente que no podía tener buena atención médica por carecer de recursos económicos para pagar un buen seguro médico, y menos aún a ver cómo los precios de ciertas medicinas las hacían inaccesibles para mucha gente que las necesitaba para sobrevivir.

Tengo un conocido, historiador de la iglesia, convencido de que es normal y bueno que en la iglesia haya clara distinción entre pastores y laicos, y de que sólo se acepten hombres solteros como pastores. Él mismo revisó una gran cantidad de documentos describiendo comunidades cristianas de los primeros siglos sin un clero distinto de los laicos, con madres y padres de familia consagrando y repartiendo el pan y el vino en la celebración litúrgica. Sin embargo, trató siempre de convencerse a sí mismo que esos documentos eran "apócrifos" o de que él no lograba entender el "verdadero significado" de los mismos.

Las normas que hemos experimentado, recibido y asimilado de nuestra entorno, nos empujan, pues, a percibir la realidad de cierto modo y a transmitir a otras personas una manera particular de ver la vida, de captar las cosas. Cuán positivo o negativo sea eso depende —y demasiado— de las circunstancias concretas a las que nos refiramos. En cualquier caso, para entender nuestro modo de ver la realidad —y la manera como otra gente percibe la vida— es importante analizar qué hemos experimentado y asimilado como "normal" y qué, por el contrario, como "anormal".

La experiencia de lo "sabido y conocido"

Toda persona, así como toda comunidad, se encuentra con frecuencia ante situaciones inéditas, novedosas, inesperadas: una persona a la que no se conoce, un comportamiento del cual nunca se había oído hablar, una sensación interior desconocida y sorprendente, una idea ante la cual no se sabe cómo reaccionar, un problema que nunca se había enfrentado previamente, una catástrofe imprevista, etc.

Si la novedad es simplemente placentera —si no mueve
en nosotros ningún tipo de temor— la respuesta nuestra puede
ser entonces simplemente de disfrute, sin reflexión alguna. En
cambio, si esa novedad despierta en nosotros alguna forma de
inseguridad o dolor, entonces nuestra respuesta puede ser
—después, o en lugar, de una reacción evasiva o agresiva— la
de examinar, consultar y reflexionar acerca de esa novedad. Es
decir, nos podemos ver compelidos a tratar de *conocer* ese
fenómeno inesperado.

Cuando tratamos de entender lo nuevo, empero, nuestra
primera referencia, nuestro criterio inconsciente, nuestro
término de comparación implícito es lo "viejo", lo "ya sabido
y conocido", aquello que nos resulta *comprensible*. Cuando
queremos "conocer lo nuevo", pues, nuestra tendencia normal,
común y espontánea es la de "meter el vino nuevo en odres
viejos": clasificar lo inesperado dentro de las categorías ya
conocidas, verlo como parecido a algo ya sabido.

Me contaba mi papá que cuando a principios de siglo
llegó a la ciudad de Coro (Venezuela) el primer automóvil,
algunas personas que jamás habían oído ni siquiera hablar de
ese aparato, se toparon con el mismo —con los faros
encendidos en medio de una calle a oscuras— y corrieron
despavoridas gritando "¡El diablo, el diablo! ¡Echa llamas por
los ojos ... el diablo!" El automóvil era totalmente
desconocido; el diablo, de un cierto modo, era bien conocido
—así, éste servía para entender y explicar las características
del automóvil.

Yo diría que la experiencia de lo comprensible —es
decir, el proceso de aprender a reconocer y a darle nombre a
ciertas cosas— orienta constantemente nuestra manera de
enfrentar las realidades nuevas. Eso hace posible —no digo
que sea la razón única ni principal— que un gobierno acuse de
"comunista" a un nuevo movimiento social o religioso que
emerge entre los campesinos y que se enfrenta a los

hacendados. O, paralelamente, eso es lo que hace que mucho marxista no pueda entender lo que acontece en Europa del Este sino como "traición", "conspiración capitalista", o "crisis pasajera del socialismo". En ambos casos, lo nuevo no se reconoce como nuevo, sino que se identifica, se clasifica como, simple y sencillamente, "más de lo mismo".

Yo llegaría incluso a plantear que una de las múltiples razones por las cuales nos cuesta tanto reconocer, identificar y estimular la multiplicación de lo verdaderamente *nuevo* es, precisamente, porque, con frecuencia, lo nuevo da miedo. A veces preferimos, sin darnos cuenta siquiera, negar la existencia misma de lo nuevo cuando éste aparece: negar que sea nuevo, incluirlo dentro de algo viejo, y rechazarlo como algo malo. Y, en un cierto sentido, es lógico: lo realmente nuevo es algo desconocido, no sabemos en qué va a parar, carecemos de lenguaje para darle nombre, nos despierta el temor de que si lo abrazamos eso nos va a traer rechazo y dolor (o incluso algo peor), nos agita inseguridades hondas e incontrolables. ¿Resultado "normal"?: expulsar lo nuevo negando que sea realmente nuevo, definiéndolo —por ejemplo— como absurdo, o —quizá mejor— clasificándolo dentro de moldes familiares que conciten y estimulen la repulsa colectiva ("malo", "atrasado", "diabólico", "ineficiente", "improductivo", "comunista", "reaccionario", "anticientífico", etc.)

Los tres intentos latinoamericanos más recientes de reformar la economía de manera democrática, legal, gradual, mixta, pacífica y autónoma, para crear más riqueza acabando *al mismo tiempo* con la pobreza —la Unidad Popular chilena, la Revolución Sandinista nicaragüense y "Lavalás" haitiana— ¿no sucumbieron, en cierto modo, a esa tendencia? Ni las élites latinoamericanas, ni las estadounidenses, parecieron capaces de ver allí otra cosa que "más de lo mismo": dictadura, ilegalidad, totalitarismo, comunismo, violencia y conspiración extranjera. Y, así, acabaron con tales ensayos (como sucedió también en los 30, 40 y 50 con los primeros intentos latinoamericanos de democracia representativa).

A veces, inversamente, lo nuevo nos luce extraordinariamente deseable, atractivo y promisorio: nos excita el desafío de lo desconocido y hasta nos fascina una cierta sensación de miedo; la curiosidad y la creatividad nos empujan a la búsqueda de lo inimaginable, lo sorpresivo, lo absurdo y hasta lo incomprensible.

A menudo —cuando lo conocido se ha vuelto intolerablemente destructivo o cuando hemos degustado la bondad de algo nuevo— hurgamos en nuestras tradiciones, nuestra memoria y nuestra herencia, tratando de encontrar algo que nos ayude a asumir lo novedoso como comprensible, posible, válido y legítimo, y que nos ayude a refutar los posibles y temidos cargos de que lo que proponemos sea "absurdo", "anormal", "diabólico".

Esta podría ser, en buena parte, una de las motivaciones que animan la lectura bíblica en muchas agrupaciones populares latinoamericanas: la sospecha y la necesidad de que en ese viejo libro que nos es tan caro y sagrado se hallen claves para nuestros desafíos más urgentes e importantes, para entender y combatir eficazmente la crisis que nos agobia en estas décadas ¡y asumir y explicar las novedosas y esperanzadoras experiencias de vida comunitaria popular!

Como quiera que sea, lo que propongo aquí es tener en cuenta que nuestro conocimiento de la realidad ocurre, generalmente, por comparación, asociación y referencia a lo "ya sabido y conocido". Por ello, se requiere un cierto esfuerzo creador, "contra la corriente", para reconocer y apreciar lo genuinamente nuevo: sobre todo si lo nuevo —como en ocasiones es el caso— ofrece posibilidades de superar aflicciones e injusticias, viejas o recientes.

La experiencia de la certeza

Una de las experiencias desagradables, dolorosas, que a menudo asociamos con la muerte, es, justamente, el sentimiento de incertidumbre, de inseguridad, de confusión. Ello parece ser así, sobre todo, cuando la incertidumbre es compartida por amplios sectores, se extiende por largo tiempo y toca asuntos de vida o muerte para la comunidad. En tales casos, el caos, la desbandada o la violencia ciega pueden ser una respuesta extrema: como todo está cargado de inseguridad, se confía sólo en la propia fuerza para lograr lo que se quiere o se reacciona violentamente para destruirlo todo.

Otra posible, diferente secuela es la de buscar certidumbre y seguridad a cualquier precio y a toda costa —y hallarlas, quizá, a la primera ocasión que parezca ofrecerlas. Porque, digámoslo de una buena vez, vivir con certeza de que se está en lo correcto, de que se está haciendo lo que se debe hacer, es una sensación profundamente necesaria, grata y placentera: quien la ha perdido la añora; quien la tiene, a sabiendas o no, quisiera preservarla.

Quien ha sufrido —larga, colectiva y gravemente— una inseguridad honda, dolorosa y destructiva, generalmente tiende a abrazar con diligencia y a defender con fuerza la oportunidad de volver a vivir en la certeza.

He allí, pues, otra razón por la que cuesta reconocer y asumir lo verdaderamente nuevo cuando emerge. Y he allí, por demás, por qué ciertas personas y agrupaciones se aferran de un modo tan cerrado ("fanático", lo llamarían algunos) a sus convicciones y organizaciones, y por qué las defienden tan agresivamente de cualquier examen crítico, duda, reinterpretación o "contaminación" con otras ideas o asociaciones. Porque, en definitiva, el miedo al caos, a la desintegración y a la muerte no abandona tan fácilmente a quienes los han vivido de cerca (por ejemplo, quienes han sufrido tortura, hambre prolongada, ausencia de hogar, familia y empleo; quienes han sufrido abandono, abuso físico o sicológico durante la infancia; alcohólicos y drogadictos; pero, también, ancianos e inválidos pobres y abandonados, así como enfermos terminales).

Así, podría decirse que la experiencia de la certidumbre orienta a conocer la realidad dentro de los cánones de lo ya sabido y acepto. La experiencia de la incertidumbre, en cambio, conmina a buscar seguridad y, por lo mismo, a rehacer la visión de la realidad en función de recuperar la certeza perdida. Por ende, con frecuencia, vemos la realidad —la *conocemos*— del modo que más nos garantice preservar o recuperar la seguridad de que estamos en lo cierto.

Un ejemplo de tal "mecanismo" podríamos hallarlo en gran cantidad de conversiones, tanto religiosas como políticas. Con frecuencia, es entre personas que han estado sometidas a una prolongada situación de inseguridad, caos, confusión y desorientación entre quienes ocurren más conversiones "radicales" (es decir, cambios repentinos y marcados de conducta, creencias, compañías y lenguaje). Más aun si el grupo al que se pertenecía no tiene mecanismos para responder adecuadamente a ese tipo de situación desesperada. En tal caso, comúnmente, el converso —y su nueva agrupación— tenderá a defender agresivamente la nueva seguridad conquistada, rehusando críticas, dudas, y cualquier reflexión, conversación, amistad o lectura que amenace relativizar las nuevas certezas.

Estoy convencido de que, de hecho, todas las personas *necesitamos* —antes que procesos de reflexión crítica sobre nuestra manera de conocer y vivir la realidad— largos períodos de vivir y compartir certidumbres en ambientes afectivamente acogedores. Si llegamos a la edad adulta sin haber construido certidumbres sólidas para nuestras vidas —o si experiencias traumáticas aniquilan tales certidumbres— es factible que, para reconstruir un cierto "piso firme" para nuestras vidas, busquemos agrupaciones aparentemente "dogmáticas y sectarias" (al menos a los ojos de otras personas). La posibilidad de que a partir de una situación como ésa se acceda a —y/o se respeten— otros modos de conocimiento depende, en gran medida, de como los "otros" se relacionen con "nosotros".

La común tendencia humana a buscar y conservar certezas puede, pues, ser saludable, indiferente o destructiva. Depende. Lo que quiero subrayar ahora es que, frecuentemente, nuestro conocimiento de la realidad puede ser más un resultado de nuestras certezas previas —y de nuestra necesidad interior de certeza— que un producto de nuestra cuidadosa atención a la propia realidad.

La experiencia del poder

Toda persona —y toda comunidad, también— tiene capacidades, destrezas, hábitos y tradiciones que le pueden ayudar a sobrevivir, disfrutar de la vida, ser aceptada por quienes la rodean y confirmar así la orientación de su existencia. Toda persona —y toda comunidad— tiene, pues, un cierto tipo y grado de *poder* sobre sus condiciones de existencia, una cierta forma y medida de poder alcanzar sus metas: todo grupo o individuo humano viviente tiene una cierta experiencia del *poder* lograr parte de sus necesidades e intereses.

Las cosas se complican, empero, cuando —dentro o fuera de una comunidad— emergen intereses en conflicto; cuando varios grupos o individuos se disputan el mismo objeto —territorios, ganado, metales, armas, por ejemplo— sin poder o sin querer compartirlo; o cuando un individuo o un grupo quiere sojuzgar a otra persona o comunidad para ponerla a su

propio servicio, forzándola a producir para provecho del grupo
o individuo preponderante.

En tales casos, aparece el fenómeno de relaciones
desiguales entre grupos humanos: unos dominan, oprimen,
explotan a otros que, a su vez, al menos en parte, se someten,
se resignan, se entregan. En circunstancias semejantes, el
poder se convierte en poder de unos seres humanos sobre
otros: unos *pueden* lograr sus propósitos porque han
conseguido —con terror o soborno— que otros *no puedan*
colocar sus propios intereses en primer término. Unos tienen
mayor *poder* de satisfacer sus propias necesidades porque los
demás —para conservar algo de lo que aprecian en sus vidas,
o, al menos, la vida misma— se han entregado a cumplir la
voluntad de los primeros, cediendo *poder* sobre sus propias
vidas. En realidad, no existe allí nadie totalmente sin poder,
pero sí nos encontramos ante relaciones de fuerza desiguales,
desproporcionadas y contradictorias: donde el poder de unos
se ejerce sobre y en contra de los intereses y las capacidades
de los demás.

Pero ya sea el poder la mera capacidad *para* alcanzar las
propias metas, o ya sea fuerza *sobre* otros seres humanos —ya
sea poder sobre o bajo otros—, lo que quiero decir y destacar
aquí es que *nuestra experiencia del poder marca nuestro
conocimiento de la realidad.* Sugeriría, entonces, que los seres
humanos tendemos a percibir la realidad —a reconstruirla
mentalmente, a conocerla, pues— de la manera que más
parezca contribuir a mantener, consolidar y, si posible,
aumentar el poder que hayamos alcanzado hasta ese momento
para satisfacer nuestros intereses.

Dicho de otro modo: conocemos —entre otras cosas—
para poder vivir, para poder disfrutar de la vida, para poder ser
aceptados por quienes nos rodean, para poder obtener y
preservar un cierto sentido para nuestras vidas. Entonces, no
adoptamos y defendemos como conocimiento cualquier

reconstrucción de la realidad. No. Tendemos a reconocer y salvaguardar como conocimiento sólo aquéllos "mapas de la realidad" que nos ayuden a preservar el poder ya conseguido: es decir, a resguardar lo que permite que podamos vivir como vivimos, disfrutar como lo hacemos, ser acogidos por quienes más nos importan y convencernos de que nuestra vida tiene sentido.

Por eso nos resulta tan real y honestamente difícil a tantos varones reconocer, por ejemplo, que las diferencias biológicas y sicológicas de mujeres y hombres no explican ni justifican colocar a las mujeres en posiciones de subordinación ni de inferioridad. Conocer la igual dignidad de mujeres y hombres contradice y subvierte la experiencia que los varones tenemos de nuestro propio poder. Conocerse a sí mismo como igual (no superior) implica —para el varón— exponerse a transformaciones y limitaciones de su modo de vivir y de disfrutar la vida, a sufrir rechazo de parientes y amigos, y a sumirse en la desorientación y el caos. Por ende, "lógicamente", la mayor parte de los varones "conoce" su superioridad frente a la mujer ... y estará abierto a todo "conocimiento" biológico, económico o teológico que confirme lo que él ya "sabe": que las mujeres son de algún modo inferiores. La experiencia que las mujeres tienen de su propio poder puede cuestionar o, por el contrario (si se someten, o si su rebeldía no consigue victoria alguna), confirmar lo que el varón ya "sabía".

A otro nivel, gobiernos y partidos —de derecha, centro o izquierda— presentan oportunidades inéditas para quienes ocupan posiciones de poder: dinero, influencia, fama, diversiones, seguridad y otras prerrogativas difícilmente accesibles para el ciudadano común y corriente. La tendencia espontánea, normal, habitual, de quien logra acceso a tal forma de poder (por ejemplo, dirigentes partidistas o gubernamentales) es la de aprovechar, asegurar y acrecentar aquellas prerrogativas. Así, será "normal" que quienes ejercen ese tipo de poder acepten y defiendan teorías que justifiquen su liderazgo y sus privilegios ... y, también, será usual que refuten, persigan y hasta eliminen a quienes critiquen esa manera de ejercer el poder.

Es más: el conocimiento mismo se convierte fácilmente —en situaciones de opresión— en un instrumento de poder. Quienes tienen acceso a ciertas informaciones pueden estar interesados en ocultárselas a otras personas o comunidades (verbigracia: los dueños de una fábrica que no quieren perder ganancias en empleadas embarazadas tratarán de que éstas no se enteren de su derecho a permisos remunerados). Quienes han desarrollado ciertas habilidades que otras personas necesitan —pero que no han podido desenvolver— pueden usar esas capacidades para explotar a otros (por ejemplo: abogados con experiencia en derecho laboral que le quitan a sus clientes, como "honorarios profesionales", la mayor parte de las prestaciones sociales que consiguen recuperar). Quienes han llegado a dominar ciertas técnicas poco comunes y muy prestigiosas en su sociedad pueden utilizarlas para menospreciar, marginar y abusar impunemente de quienes no las dominan (para muestra un botón: en muchos barrios populares y poblaciones rurales, algunos jóvenes que han logrado un cierto nivel de escolaridad desprecian, discriminan y atropellan a quienes en la vecindad —o en su familia— no han hecho estudios formales).

¿Habrá "vacunas" contra esa "tentación corruptora" del poder, contra esa tendencia que afecta profundamente hasta la manera de conocer la realidad desde el poder? Yo compartiría la idea de que quizá hay sólo "antibióticos" (y aun éstos no siempre dan resultado). Primeramente, el de la humildad: reconocer que todas las personas estamos y estaremos siempre tentadas a aprovechar cualquier poder que tengamos en nuestro propio beneficio (aun cuando eso implique dañar a otras personas y abandonar convicciones que tuvimos en el pasado); reconocer, además, que esa misma tentación nos conducirá por lo común a ver, a conocer la realidad de modo que nos justifique y nos consolide en nuestras prebendas. Ese sería el primer "antibiótico", más de tipo ético, espiritual, si se quiere. Pero no basta. Hace años que quienes luchan por lo que llamamos "democracia" —y en contra de lo que hemos convenido en denominar "dictadura"— proponemos un segundo "antibiótico", de corte más jurídico y político: mecanismos que permitan a cualquier ciudadano denunciar cualquier abuso del poder por parte de cualquier dirigente. Eso requiere, empero, leyes, costumbres e instituciones que faciliten a la gente hacer tales denuncias sin miedo a la venganza de los poderosos ... y con esperanzas razonables de que realmente habrá investigación y destitución de quienes abusen del poder ([2]).

En fin, frecuentemente nos dejamos deslumbrar por el brillo del poder y tendemos a copiar, a imitar los hábitos, valores, ideas y teorías —y, sobre todo, lo más superficial de todo esto: los gestos y las frases— de quienes están "más arriba" en nuestra sociedad. Tomamos así "prestado" nuestro conocimiento de grupos cuya experiencia de la realidad es profundamente diferente de la nuestra. Y, así, nos relacionamos con nuestra realidad de maneras profundamente inadecuadas, irrelevantes, "alienadas".

La propia experiencia del poder —ejercido y/o padecido— me parece, pues, uno de los factores más importantes en moldear lo que rechazamos, imaginamos, aceptamos, tememos o abrazamos como posible conocimiento.

La experiencia de frustración

Gran parte de toda experiencia humana —tanto personal como comunitaria— se compone de propósitos frustrados, intereses malogrados, expectativas devastadas, proyectos fracasados. Las sorpresas desagradables, el dolor inesperado, el fracaso desolador y la tragedia insoluble son, desafortunadamente, parte normal de toda vida humana. Ese elemento de nuestra experiencia —que tiene que ver con todos los ya mencionados— también impacta fuertemente nuestra manera de conocer y de entender qué sea el conocimiento.

"Frustración" indica algo que deseábamos y pensábamos que iba a suceder y que —por el contrario— no pasó; o, lo que es casi lo mismo, algo que rechazábamos y teníamos certeza de que no acaecería y resulta, empero, que sí aconteció. Toda frustración tiene una ligazón importante con el conocimiento: es una experiencia de que la realidad se comporta de manera distinta a como nuestra imagen de la realidad suponía (y anhelaba) que iba a comportarse.

Por eso, de alguna manera, toda frustración es un desafío y un riesgo para nuestro conocimiento. Puede, es claro, llevarnos a realizar un esfuerzo mayor por conocer mejor la realidad. Puede, también, empujarnos a tomar en cuenta aspectos de la realidad —e ideas sobre la misma— que no habíamos considerado. Puede, incluso, conducirnos a modificar un poco nuestra visión del mundo. Sin embargo, cuando cierto tipo de frustración choca reiteradamente con convicciones arraigadas, ello puede provocar crisis sicológicas y hasta rupturas radicales. Veamos un ejemplo.

Quizá todos hemos vivido —o conocemos a alguien que haya vivido— la frustración de nuestra confianza en el sistema médico vigente. Alguien, por ejemplo, que pasa de médico en médico tratando de encontrar solución (o al menos explicación) a una dolencia física personal. Cada doctor que visita, después de interrogatorio y exámenes, le asegura saber qué es lo que tiene, le dice el "nombre", le "explica" —a menudo de modo muy complicado— el problema y le manda un tratamiento afirmándole que se curará en algún tiempo. Sin embargo, la dolencia empeora; las medicinas agregan desagradables "efectos secundarios" a la enfermedad; cada médico contradice a los anteriores y no se encuentra solución por ninguna parte. Carcomidas las finanzas y las esperanzas, la persona escucha, recuerda o descubre que —fuera del sistema médico vigente— hay una "bruja", un "curandero" o un "yerbatero" que parece conocer y ser capaz de curar ese tipo de dolencia. A pesar de consejos y peligros —desesperada por la frustración— la persona decide recurrir al sistema médico "marginal" a ver si allí halla solución. Encuentre o no respuesta, su manera de pensar en cuanto al cuerpo, la salud, la medicina y la autoridad médica probablemente variará ([3]). Quizá, incluso, se convierta a una religión minoritaria y "marginal" —la del "curandero", por ejemplo, sobre todo si éste tiene éxito en la cura— y rompa con lazos y hábitos familiares, laborales, éticos, etc., que se asocian más a su período de dolor y frustración.

Este tipo de proceso es probablemente más común de lo que parece. Menos comunes —y mucho más graves, entretanto— son las frustraciones colectivas graves y reiteradas, sobre todo cuando la realidad contradice interpretaciones oficiales, certezas compartidas y tradiciones normativas de una comunidad. En tales casos, los cambios y rupturas factibles en la esfera del conocimiento pueden conducir a serios conflictos, crisis y rupturas en el plano sico-social y socio-político.

Quizá algo de este tenor es lo que está aconteciendo hoy en muchos lugares de las Américas. El crecimiento de la miseria; la frustración de los sueños y esperanzas hasta de las mismas clases medias; la inseguridad y violencia en aumento; la refutación práctica de las teorías, promesas y predicciones de políticos y economistas; el derrocamiento de las pocas experiencias de políticas económicas con acento en las necesidades básicas de los sectores populares; la sucesión ininterrumpida de políticas económicas diferentes, cada una criticando a la anterior y prometiendo los mismos resultados sin jamás lograrlos; la multiplicación de religiones ofreciendo una miríada de explicaciones y salidas, cada una contra las demás ...

Una situación de este tipo puede fácilmente desembocar en una especie de "caos colectivo del conocimiento": nadie está seguro de nada; nadie confía ni cree en nadie ni en nada; ninguna autoridad es legítima. De allí, entre los más débiles, ora una desesperada carrera a agarrarse ingenuamente de la primera tabla de salvación que aparezca por delante, ora una disponibilidad enorme para el cambio radical y la violencia. Pero, también de allí, entre los más fuertes, una actitud cínica y violenta de "todo vale" y "sálvese quien pueda" a cualquier precio —incluido un ánimo presto para la corrupción administrativa, el abandono de cualquier convicción o compromiso previo, y la represión violenta de quienquiera que se oponga a sus iniciativas.

En cualquier caso, la frustración repetida —individual o colectiva— de las expectativas "normales" induce a cuestionar y a modificar el conocimiento establecido de la realidad. Quizá la frustración y el dolor, propios o ajenos, sean —junto a la curiosidad y la imaginación creadora— uno de los principales acicates del conocimiento humano, una de sus fuentes.

La experiencia de la contradicción y la incoherencia

Todos los seres humanos desarrollamos desde nuestro nacimiento, y a lo largo de nuestra experiencia, una cierta teoría de la realidad. Por "teoría" entiendo, sencillamente, una visión o imagen (o "mapa", una vez más) de cómo es y cómo funciona el mundo, la realidad. Parecería que la mayoría de las personas —la mayor parte del tiempo— no elaboramos ni expresamos ni modificamos ni criticamos deliberadamente nuestra teoría de la realidad. Quizá lo que hacemos es que la vamos haciendo y rehaciendo, sin darnos ni cuenta, a través de nuestra vida toda. Sólo ocasionalmente —cuando alguien que nos importa nos interroga acerca de ciertas cosas, o cuando entramos en contacto con otra teoría, o cuando la nuestra nos lleva repetidamente al fracaso— articulamos, reflexionamos, explicitamos, criticamos o modificamos la teoría de la realidad (el "mapa") que heredamos del pasado y que compartimos con nuestros más cercanos semejantes.

Permítaseme sugerir que toda teoría de la realidad está llena de contradicciones ([4]). Por una parte, están las contradicciones de nuestra teoría con la realidad misma: hechos reales inexplicables dentro de nuestra visión de la realidad; comportamientos de la realidad diversos —y hasta opuestos— a los que nuestra imagen del mundo preveía; realidades imposibles o absurdas desde la perspectiva de nuestro "mapa". Por otra parte, además, están las propias contradicciones internas de nuestras teorías: ideas que tienen poco que ver unas con otras, a menudo originadas en visiones muy diferentes de la realidad; principios que se excluyen unos a otros; valores opuestos; lagunas artificialmente rellenadas; supuestos y conclusiones sin fundamento; etc., etc.

Sin embargo, mientras tales contradicciones e incoherencias no salten a la vista —o no hallemos formas aceptables de resolverlas, o sea socialmente peligroso señalarlas— nuestra tendencia es a callarlas, negarlas, disfrazarlas o justificarlas ... ¡según las circunstancias!

Algo de esto se puede encontrar en la historia de las iglesias cristianas. Una medida como, por ejemplo, la prohibición de la ordenación sacerdotal de mujeres en ciertas iglesias cristianas puede ser vista como incoherente con la proclamación de la igualdad de derechos de mujeres y hombres en esas mismas iglesias. Un grupo de historiadoras de la iglesia puede incluso hallar que esa prohibición —así como su justificación teológica— es contraria a los hechos históricos de las primeras generaciones cristianas y sus textos. Incluso —como ha sucedido— varias comunidades pueden empezar a experimentar en su seno con ciertas formas de participación de mujeres en el ministerio sacerdotal. ¿Reacciones? Ha habido y hay muchas y en diversas direcciones: callar ante la discusión; declarar que ese asunto no es relevante; condenar, excomulgar, e incluso, eventualmente, torturar y ejecutar a quienes prediquen ideas poco "ortodoxas" al respecto ([5]); desarrollar nuevas elaboraciones teológicas, interpretaciones históricas y refutaciones en base a la biblia para justificar el sacerdocio femenino (o, por el contrario, para negarlo y, al mismo tiempo, presentar el sacerdocio exclusivo de hombres solteros como compatible con la dignidad e igualdad humanas); comenzar —como está haciendo, entre otras, la Iglesia Episcopal— a ordenar mujeres como sacerdotes e incluso a consagrarlas como obispas; organizar protestas y huelgas contra la discriminación de la mujer en las iglesias; etc, etc.

Por otro lado, oponerse a la ordenación sacerdotal de mujeres puede tener *múltiples motivaciones* —como probablemente toda acción e idea humana. Por ejemplo, puede ser por miedo al cambio; por temor a las mujeres en general y más aun a que ellas ocupen posiciones de poder; por sospecha de que si se tolera la ordenación sacerdotal de mujeres eso va a desencadenar una serie de otros cambios mucho más profundos en la iglesia; por simple obediencia a la autoridad; por resquemor de perder privilegios, empleo, reputación o afecto de otros si uno apoya esa posibilidad; por convicción de que "si hasta ahora ha sido así, por algo será y así debe continuar"; por realmente encontrar que esa es la "voluntad de Dios" ... o por una mezcla de varios de estos motivos ¡o hasta de todos a la vez!

Usualmente, empero, nos cuesta reconocer que muchas

—complejas y hasta contradictorias— son las raíces de nuestras visiones y acciones. Y nos cuesta, ante todo, porque cierto tipo de motivaciones (por ejemplo el temor, la conveniencia puramente económica, el sueño de fama y poder, la simple atracción por otra persona, la necesidad de afecto, etc.) son frecuentemente vistas como bases inmorales, bajas, feas, poco serias, o indignas, del conocimiento y de la acción. Mas ¿no será cierto que, la mayor parte del tiempo, todos tenemos una multitud confusa y heterogénea de factores que son los que nos mueven a ver la realidad de ciertas maneras? ¿Y no será también factible que la razón por la que no reflexionamos ni reconocemos esa multitud de motivaciones sea la vergüenza de ser mal vistos o rechazados por quienes más nos importan?

En cualquier caso, yo cerraría este último punto sugiriendo que quizá es más riesgoso desconocer que reconocer las contradicciones e incoherencias que plagan todo conocimiento de la realidad. Desconocer esas contradicciones e incoherencias (y, por ejemplo, aceptar ciegamente lo que dice el doctor o el cura) puede convertirnos en víctimas, juguetes, de cosas que nunca quisimos analizar ni criticar. Reconocer las contradicciones e incoherencias de todo conocimiento, en cambio, puede servirnos para analizar, criticar y transformar —con otras personas y comunidades— el impacto del conocimiento sobre nuestras vidas.

Una Síntesis Sencilla del Asunto

Los seres humanos queremos vivir, no morir. Queremos vivir una vida buena y grata. En este proceso, el afecto aprobatorio —o el rechazo disgustado— que nuestra conducta suscita en la gente cercana nos va guiando en el aprendizaje de la vida en comunidad. Así, construimos, recibimos y enseñamos normas confiando en que éstas nos ayudarán a preservar y disfrutar la vida. Ciertas certezas van emergiendo en nuestro espíritu y desarrollamos un modo de comprender el mundo alrededor nuestro —a menudo prescindiendo de lo que nos parece incomprensible y repudiando aquello que perturbe nuestras convicciones. De este modo —según nos empuje nuestro poder o nos frene nuestra impotencia— vamos experimentando la realidad. A partir de esa experiencia vamos elaborando "mapas" de la realidad que nos sirvan para mirar y evaluar nuestro derredor y orientar allí nuestra conducta. A veces, sospechamos que tales "mapas" son vulnerables, limitados y endebles: llenos de paradojas y contrasentidos. Entonces, habitualmente, escurrimos el bulto por temor a la mayor confusión e inseguridad de dejarnos llevar por la duda acerca de nuestra propia manera de ver la realidad. Así, vamos formándonos —y transmitiéndole a otros— una idea de qué es el conocimiento, cómo se reconoce y cómo se alcanza. Experiencias distintas, pues, llevan entonces a conocimientos diversos: no sólo a "tipos" de conocimiento diferentes, sino a maneras disímiles y hasta contrapuestas de entender y explicar las mismas realidades, así como a modos diversos e incompatibles de comprender y expresar qué es el conocimiento.

En pocas palabras: nuestras experiencias nos llevan a ver la realidad de una manera distinta a quienes han vivido experiencias diferentes. Esas diferencias hacen que la comunicación sea no sólo posible, sino, a menudo, necesaria. Y del diálogo puede surgir, eventualmente, el consenso, o incluso algo más difícil (¿pero más necesario hoy día?): el respeto abierto a formas diferentes de pensar y vivir, junto a la humilde conciencia de las propias limitaciones.

Pero a veces las diferencias se tornan en obstáculos para comunicarse y entenderse. Cuando captamos la realidad de un cierto modo, frecuentemente creemos que quienes la perciben de otro se equivocan ... ¡y nosotros no! Si, encima, tenemos mayor poder que esas otras personas, podemos fácilmente caer en la tentación de usar nuestro poder para imponerles a los demás nuestro modo de ver las cosas.

Por eso, en muchos sentidos, nuestra experiencia puede llevarnos a observar las cosas de una manera contraproducente, destructiva ... ya sea para nosotros o para otros. De allí la conveniencia, que es todo a lo que apunta este capítulo, de *examinar críticamente* —seria, reflexiva, personal y colectivamente— cómo nuestra experiencia ha venido condicionando nuestra manera de ver la realidad, hasta qué punto y con qué consecuencias.

Después de todo, ninguna persona es una simple prisionera de su propia experiencia pasada. Todas las personas y comunidades tenemos un cierto grado de libertad para reinterpretar, contrastar y reorientar nuestras vidas —yendo así, en un cierto sentido, más allá de nuestra experiencia. Además, la experiencia —personal y colectiva— no es pura experiencia "exterior y objetiva". No: toda experiencia pasa a ser propiamente *humana* en la medida en que es integrada a la subjetividad, a la vida interior de la persona. Y allí, en nuestro fuero interno, podemos reflexionar críticamente sobre nuestra experiencia pasada e imaginar creativamente nuevas maneras de ver y de vivir la realidad.

A partir de esa reflexión crítica, entonces, quizá surjan nuevos "mapas" —más abiertos, flexibles, pluralistas, humildes, ricos— que nos encaminen mejor hacia maneras de vivir realmente dignas de ser celebradas con muchas y buenas fiestas.

CAPÍTULO DOS

Reflexionar con Calma sobre Nuestro Conocimiento

Hace varias décadas, por allá por los años cuarenta, llegó a presentarse en un teatro de Caracas una compañía de "vaudeville" —especie de espectáculo ligero de cabaret. Una pareja de jóvenes líderes cristianos de la época —a quienes conocí muchos años más tarde— se sintió ofendida por lo que les pareció mera exhibición pornográfica. Con la esperanza de lograr que el teatro suspendiese las funciones —las cuales, por lo demás, no eran muy concurridas— los jóvenes decidieron organizar una manifestación pública frente a la sala en cuestión, exigiendo el cierre de las presentaciones por inmorales. No sólo el teatro no canceló el espectáculo: la atención despertada por la protesta se convirtió en publicidad gratuita y ¡la sala no alcanzaba para albergar a los centenares de hombres que desde temprano acudían a comprar sus entradas para ver el denunciado espectáculo de vaudeville!

Hace pocos años visité en Brasil a un grupo de misioneros de quienes había sido profesor en Estados Unidos. Estaban trabajando en un barrio popular de la ciudad de São Paulo. Escuché sus comentarios sobre lo fríos, pequeños, aislados e inhumanos que les parecían los nuevos apartamentos para familias obreras en esa zona de la ciudad. Más tarde, hablando con una de las familias recién mudadas al nuevo barrio, pudimos apreciar, en cambio, lo contenta que estaba: después de años de luchas políticas y sindicales, de manifestaciones y de protestas, y, también, de sueños y ahorros de ellos y otras muchas familias de trabajadores ... ¡por fin habían logrado dar un paso adelante! Habían logrado salir del hacinamiento y la insalubridad de unas barracas y ahora podían tener una vida sana, segura y tranquila en un apartamento propio, nuevo, sólido y limpio. De hecho —conversábamos luego— ver esa situación como "triste e inhumana" sólo era posible para quien desconocía las condiciones de las cuales venían esas familias. Peor: comunicarles una visión negativa de sus nuevas viviendas era como despreciar sus sueños, luchas y victorias; era como decirles "ustedes no saben ni siquiera lo que es bueno para ustedes mismos; yo sí".

*

Cuando percibimos, captamos, conocemos la realidad, frecuentemente lo hacemos —sin buscarlo ni saberlo— *aceptando pasivamente* que la realidad es "como se dice que es" (como la definen la tradición, los mayores, la mayoría, las élites o los "expertos"). Comúnmente, esta manera de conocer va de par con una cierta *simplificación* de la realidad: recortándola y reduciéndola hasta que nos resulte más fácil comprenderla, recordarla, reconocerla, orientarnos en ella y hablar de la misma.

Por un lado, eso es parte inevitable de toda fabricación de mapas, planos y otras guías. Todos nosotros, al intentar conocer, hacemos algo de eso: fabricarnos un mapa, un plano, una guía de nuestra realidad —aceptando sin discutir parte de los mapas que nos pasan, sin darse cuenta, nuestros ancestros, parientes, vecinos y colegas; y simplificando la realidad para orientarnos en ella. Eso estaría muy bien si el camino tomado siempre fuese constructivo para la humanidad y mientras nuestros mapas nos sirvan para orientarnos por tal camino.

Cuando, por el contrario, caemos sistemáticamente en conductas destructivas para nosotros o para otros; cuando fracasamos repetidamente en nuestros propósitos; cuando una y otra vez nos hallamos frente a resultados imprevistos e indeseables de nuestra propia conducta; ahí, entonces, es quizá tiempo de emprender *de otra manera* la aventura de conocer la realidad que nos rodea y de la que somos parte ... tiempo, probablemente, de criticar y rehacer nuestros mapas; tiempo de esforzarnos por ver las cosas de manera diferente a la que estamos habituados.

De otras maneras de ver las cosas es que quisiera, precisamente, conversar en esta segunda parte.

En la primera parte hablé sobre todo acerca de cómo nuestra experiencia condiciona nuestro modo espontáneo, "normal", de ver la realidad. Ahora quisiera conversar sobre algo que apenas empecé a tocar al final de la primera parte: la necesidad de *reflexionar críticamente* sobre cómo esa manera espontánea de conocer puede a menudo llevarnos a resultados opuestos a los que necesitamos y esperamos. A las maneras de conocer que resultan "naturalmente", irreflexivamente, de nuestra experiencia vamos a llamarlas, sencillamente, *conocimiento espontáneo*. A los modos de conocer que surgen al reflexionar deliberada y críticamente sobre el conocimiento espontáneo y sobre las limitaciones de éste, vamos a denominarlos, como hacen muchos, *conocimiento crítico*.

No quiero decir con esto que algunas personas conozcan de manera puramente espontánea, irreflexiva, pasiva y simplista, mientras *otras* conocerían siempre de manera reflexiva, crítica, creativa y activamente. No, en lo absoluto. Creo que en todos nosotros se dan ambos "modos" de conocer, entremezclados, todo el tiempo. Lo que varía en una persona o comunidad —según sus circunstancias y decisiones específicas— es la medida y frecuencia conque hagamos el esfuerzo deliberado de pensar a fondo (crítica y creativamente) acerca de nuestro conocimiento de la realidad. Y me parece que eso depende más de los estímulos colectivos y la solidez emocional de las personas que, por ejemplo, de edad, grado de instrucción escolar, nivel de ingresos económicos, sexo, cultura, raza, ideología política, carrera o religión.

Algunas Dimensiones del Problema

Voy a comenzar reflexionando sobre la tendencia —que creo que compartimos todos los seres humanos— a asumir sin mucha discusión el conocimiento recibido y a simplificar la realidad en función de nuestra experiencia, indicando tanto algunas razones como varios desafíos de esa tendencia, e ilustrando esto con ejemplos. Luego, en los puntos siguientes, voy a proponer varias posibles maneras de contrabalancear esa tendencia; es decir, varios caminos entre otros muchos para estimular un conocimiento más reflexivo, crítico y creativo de la realidad.

¿Por qué complicarnos la vida sin necesidad?

"Al pan, pan y al vino, vino", reza el viejo refrán español. Sí, pero ¿cuál es la relación del precio del pan con el precio del vino? ¿Hasta qué punto cualquier pan es igualmente bueno para la salud? Y el vino ¿no puede llevar en algunas circunstancias a cirrosis hepática y también, a veces, a serios problemas familiares? El cultivo de trigo y otros cereales para la elaboración del pan y de las uvas para fabricar vino ¿tienen algún impacto importante sobre el medio ambiente? ¿Y cuáles son las condiciones de trabajo para los agricultores sus familias? Esa excesiva confianza de algunos países en su capacidad de importar cereales —en lugar de cultivarlos— para fabricar el pan necesario para la dieta popular ¿no pondrá en peligro de futuras hambrunas a la población? ...

Quedarnos en llamar "al pan, pan, y al vino, vino" puede ser perfectamente sensato y eficaz bajo ciertas circunstancias, pero no siempre. De hecho, hoy, en casi todo el llamado "Tercer Mundo", una buena porción de la población comienza a sentir lo importante que puede ser el captar las complejidades y novedades de cosas tan simples y antiguas —a primera vista— como pan y vino.

Claro que un problema viene ya del lenguaje, de las propias palabras: "pan" y "vino" (como "patria", "ética" o "democracia"), al ser palabras que han existido por siglos, dan la ilusión de referirse a realidades que no cambian. Y frases como "en boca cerrada no entran moscas" dan la falsa impresión de contener verdades eternas, válidas para quienquiera y dondequiera que sea.

Lo cierto es que, corrientemente, parece que los seres humanos nos inclinamos a simplificar la realidad, a aceptar lo que hemos aprendido a ver como "real" sin querer ver su complejidad, desconociendo sus complicaciones.

¡Y es natural! Después de todo ¿por qué habríamos de complicarnos la vida sin necesidad? Ya buena parte de nuestra vida real, práctica, concreta —de la vida laboral, afectiva, familiar, alimenticia, etc., de la mayoría de la gente— es lo suficientemente difícil y enmarañada como para, encima, ponerse a buscarle más dificultades de las que ya tiene, ¿no es verdad? Sería como "buscarle las cinco patas al gato".

Dedicarse a imaginar, descubrir y discutir las complejidades y problemas de la realidad es algo de lo que quizá somos capaces todas las personas. Sin embargo, eso no es algo que le guste a la mayoría de la gente. De hecho, para muchos, dedicarse a eso sería un lujo para el cual no hay tiempo ni energía, o, peor, una suerte de "vicio sadomasoquista" con el cual sufrir más aun, lo que no tiene mucho sentido para la mayoría de nosotros.

Poca gente encuentra motivaciones suficientes para dedicarse a eso de concebir, analizar, exponer y discutir las dificultades y complicaciones de la realidad. ¿Quiénes? Pues, por una parte, personas que han encontrado —a veces desde la niñez— el estímulo y la gratificación necesarios para cultivar con gusto esa habilidad, sin necesidad de instrucción formal al respecto. Por otra parte, personas que han descubierto —de alguna manera— la necesidad y conveniencia de estudiar, reflexionar y discutir para enfrentar y resolver los problemas de sus propias comunidades. Y, en fin, quienes han tenido recursos para hacerse profesionales, intelectuales, científicos o técnicos; desarrollar precisamente esas habilidades y ganarse la vida con ellas. Solo que, a menudo, éstas últimas personas no sufren en carne propia las dificultades que estudian.

Por lo demás, la vida cotidiana de la mayoría de las personas y comunidades está llena de urgencias, prisas y emergencias que —literalmente— no dejan fuerzas ni ocasión para dedicarse a tareas que exigen, precisamente, tiempo y energía ... como esa tarea de considerar, examinar, discurrir y dialogar acerca de la intrincada maraña de aspectos y conexiones de toda realidad.

Así, pues, razones sobran para simplificar la realidad y aceptar sin mucha discusión el conocimiento recibido a través de la experiencia. ¡Y todo el mundo, buena parte del tiempo, lo ha hecho, lo hace y lo hará! Si no fuese así —pero también si no hubiese gente dedicada a investigar, reflexionar y discutir sobre las realidades que nos conciernen— hace tiempo que la especie humana habría desaparecido de la faz de la tierra. Entre otras cosas porque, en el caso contrario, no habríamos podido encarar con presteza y celeridad las situaciones en que la vida —o la muerte— depende de decisiones instantáneas y de acciones inmediatas. Ejemplo: una taxista ve un peatón cruzando la calle a pocos metros cuando ella conduce su taxi a unos 50 kph ... ¿Qué tal que la taxista se ponga a analizar todos los aspectos posibles de la ocasión? Nada, ¡que ese peatón va a una muerte segura! En tal circunstancia, reflexionar, decidir y actuar tienen que hacerse en fracciones de segundo: es absolutamente necesario, por ende, que, allí, simplifiquemos la realidad en base a la experiencia. Punto. Después —sobre todo si la acción trajo algún resultado destructivo— se reflexionará más en detalle sobre el asunto. Situaciones análogas —más o menos graves— vivimos, todos los días, todas las personas, a menudo sin darnos ni la más mínima cuenta ... pues darnos cuenta, también, podría amenazar nuestras vidas, o nuestra salud mental.

Economistas, buhoneras, políticos, profesoras universitarias, choferes, carpinteros, enfermeras, médicos, vendedoras, niñas y niños de primaria, religiosas, pastores, torneros ... *todas las personas* —de cualquier edad, sexo, cultura, etnia, profesión, clase social, fe religiosa o ideario político— tendemos, pues, constantemente, a simplificar la realidad en base a nuestra experiencia. Y nos inclinamos a hacerlo tanto fuera como incluso *dentro* de nuestra profesión, religión, familia y moral. Y propendemos a simplificar, pues ... ¡porque es más simple! Es decir, porque —por lo menos a primera vista— es más fácil, sencillo, realizable, claro y rápido el ver la realidad como "simple" —y como hasta ahora la han visto otros— que tratar de entenderla en toda su complejidad, ¿o no es así, acaso?

Así, el economista candidato a presidente tiende a hacer creer —y, "a lo peor", hasta a creérselo de verdad él mismo— que la causa de los problemas del país es "una sola" (por ejemplo, la corrupción administrativa del gobierno anterior); o que la solución al problema de la inflación es "muy sencilla" (quizá, devaluar de un golpe la moneda en un 400%); o, en fin, que la superación de la crisis "sólo tomará tres años" (verbigracia, privatizando empresas estatales, liberando precios y congelando salarios). Igualmente, la vecina lavandera puede inclinarse a pensar que "la gente nace buena o nace mala, y a los malos sólo se los corrige con la cárcel o la muerte". El pastor de la congregación, parecidamente, quizá sienta, con sinceridad, que "las relaciones sexuales sin casarse son las que están acabando con la sociedad". El nieto de siete años de cualquiera de nosotros tal vez no tendrá problemas en afirmar que "quien estudia duro y saca buenas notas será rico cuando crezca". La doctora más experimentada del hospital más renombrado puede convencerse de que "la esterilización voluntaria de la mujer no tiene ningún efecto negativo, ni físico ni sicológico". Y, en fin, el plomero de mi edificio seguramente aceptará la idea según la cual "a los niños hay que pegarles para que respeten y se hagan buenos ciudadanos".

Es más cómodo, reconozcámoslo, pensar que cualquier realidad tiene una o dos causas (en lugar de docenas de éstas); que lo parecido es igualito; que quienes estudiaron y se diplomaron en una profesión saben muy bien lo que dicen y hacen en su campo (y no que están plagados de dudas, confusiones y peleas entre ellos mismos); que sabemos muy bien cuáles son las consecuencias de nuestra conducta; que es mejor "no buscarle cinco patas al gato" ni "meterse en camisa de once varas"; que la moral es una sola y está bien claro qué es lo bueno y qué es lo malo y punto; que el camino correcto para la vida de cualquier ser humano es uno sólo, recto, claro y perfectamente realizable; que una religión es o la única verdadera o es falsa y "sanseacabó" ... y así, pues, por el estilo.

¿Por qué reflexionar a fondo acerca de nuestra realidad?

En los últimos años de la vida de América Latina —y de África y Asia también— la realidad misma nos ha forzado a reconocer las múltiples conexiones que cualquier cosa tiene con todo lo demás, y la necesidad de ir más allá de las explicaciones recibidas ... quizá por eso estamos construyendo o tanteando en este fin de siglo muchas nuevas maneras de ver y conocer nuestra realidad (nuevos "mapas" o "teorías" de nuestra realidad).

Un buen ejemplo, quizá, es el de la inflación y las devaluaciones sucesivas de nuestras monedas. Antes de ello, en la mayor parte de nuestros países, se podía afirmar con relativa facilidad, por ejemplo, que un salario de tantos "pesos" (o la moneda que fuese) alcanzaba para vivir decentemente. Se preveía con alguna claridad cuánto habría que ahorrar durante el año para comprar los regalitos de navidad de los hijos en Diciembre. Se confiaba en "estudiar, trabajar y ahorrar" como garantía de una cierta tranquilidad en la vida adulta. Se prescindía con facilidad de las noticias económicas, del valor del dólar y el oro en el mercado internacional, de las variaciones en las tasas de interés bancario o del índice inflacionario de la semana. El pan era pan, el vino era vino, y ninguno de los dos tenía mucho que ver con el otro ... excepto porque a mucha gente le hubiera gustado —pero no le resultaba posible— tener ambos en la mesa al menos una vez por día.

Hoy —en esta última década del siglo veinte— ya no vemos las cosas de esa manera sencilla. En más y más lugares, hasta niñas y niños analfabetas y sin hogar averiguan al despertarse el precio del dólar y del oro ese día; calculan el aumento que pueden hacerle al precio de los caramelos o cigarrillos importados que van a vender ese día en la calle; deciden si vale la pena guardar parte del producto de la venta para el día siguiente o si por el contrario resulta más ventajoso reinvertirlo en mercancía o en dólares o en qué; se apresuran a comprar cuanto antes una provisión de tres meses de un medicamento para un familiar enfermo; se burlan del discurso del presidente que llama a los ciudadanos a ahorrar; discuten acaloradamente diversas teorías acerca de por qué el pastor de la iglesia cercana denunció la deuda externa cómo "castigo de Dios por los pecados del mundo"; y van a dormirse entristecidos sospechando que la única manera de llegar a tener una bicicleta como la que vieron hace dos meses en una tienda del centro será vendiendo drogas o robándosela.

Es decir: las propias dificultades de la vida cotidiana en medio de la crisis actual pueden llevarnos a no querer complicarnos la vida reflexionando sobre las posibles causas y soluciones de esos problemas. O pueden empujarnos a la desesperación y —en algunos casos— a abrazarnos a algún grupo que nos proporcione certezas absolutas y hospitalidad afectiva. O, también, las mismas dificultades pueden estimularnos a sospechar que *en realidad, todo está relacionado con todo lo demás*. Depende (y depende, seguramente, de una enorme cantidad de factores de todo tipo).

En ocasiones, entonces —sobre todo si participamos de acciones y discusiones sobre esos asuntos en ambientes donde encontramos estímulos para desarrollar esa capacidad nuestra— nos interesamos activamente en los múltiples aspectos, conexiones e implicaciones de la realidad contemporánea. De repente, casi, empezamos a sospechar y a meditar acerca de cómo algo tan "simple" como el precio de la leche en polvo tiene que ver con el comercio internacional, la industria militar, las relaciones diplomáticas del Vaticano, un golpe de estado en Argentina, el suicidio de un empresario del interior, las posibilidades de que mis sobrinas se gradúen de bachilleres, el ponderar la conveniencia de empezar a usar pastillas anticonceptivas, la reducción del personal de la clínica de mi barrio, etc., etc., etc.

No vemos la realidad como simple o como compleja simplemente porque "nos da la gana", por "puro azar" o por tener más o menos años de escuela. No, me parece que no. Yo insinuaría que son las relaciones que establecemos en torno a las dificultades, novedades y complicaciones de la vida real las que nos inducen, ora a participar activamente en el examen atento de los enredados vericuetos presentes en cualquier realidad, ora a conformarnos con una visión simple y sencilla de la misma, ora a convertirnos a una visión en radical ruptura con las tradiciones y expectativas de nuestra gente más cercana, ora a desesperarnos ante las enormes frustraciones de la vida cotidiana.

Es más, me parece que cuando —con una visión común y simple de la realidad— fracasamos dolorosa y repetidamente en nuestros afanes, pueden surgir, entre otras muchas y muy variadas cosas, preguntas cruciales como éstas: ¿No me estaré equivocando? ¿Será que la realidad es mucho más complicada y difícil de entender que lo que yo creía? ¿No será bueno prestar atención a esto y aquello y lo otro y lo de más allá? ¿Será verdad que hay que tratar de ver las cosas de manera más imaginativa, creativa, nuestra, pluralista, en vez de atarnos a lo que otros dijeron antes? ¿?

Veamos, acto seguido, algunas maneras de ver la realidad de manera más crítica, más reflexiva. No se trata de "recetas para conocer correctamente" (no tengo tales recetas ni creo que nadie las tenga y por eso este libro no las contiene). Son apenas algunas perspectivas que pueden ayudarnos a penetrar en las difíciles complejidades de la realidad.

Examinar la posición desde la cual conocemos

Con frecuencia, hablamos de la realidad —o intentamos conocerla— sin interrogarnos acerca de dónde nos nace el interés por penetrar en ciertos aspectos de la misma; o cómo nuestra experiencia moldea nuestra imagen de lo que nos rodea; o en qué medida nuestras emociones condicionan la manera en que nos adentramos en el intento de conocer el mundo; etc., etc. Claro: una vez más, es más fácil y sencillo "conocer" sin plantearnos tan complicadas cuestiones.

Pero —aquí entre nos, sinceramente— ¿acaso nuestra

percepción de las cosas es verdaderamente independiente del lugar, del camino, del punto de vista desde donde intentamos y decimos conocer las cosas? Permítaseme sugerir que, por el contrario, quizá siempre, lo que conocemos —y cómo lo conocemos— depende, en enorme medida, del contexto, del sitio, del trayecto recorrido, de la perspectiva desde donde tratamos de entender la realidad.

Imaginemos una persona que haya visto pocos gitanos, no tenga amistades ni trato frecuente con gitanos, no haya leído ni visto ni oído nada sobre la cultura gitana, ni haya sido nunca significativamente rozado por gente gitana. Supongamos que esa persona es enviada como trabajadora social de un ministerio para investigar la situación de un barrio urbano donde vive un 30% de gitanos y para sugerir lo que el ministerio debe hacer frente a la situación del barrio. ¿Serán iguales sus conclusiones y recomendaciones a las de otra investigación hecha por un equipo de trabajadores sociales con mucha mayor familiaridad y aprecio por la cultura gitana?

¿Habría alguna diferencia si quien investiga se enamora profundamente de una persona de la comunidad gitana? ¿Y qué pasaría si, por el contrario, quien hace la investigación ha sufrido dos asaltos de personas que "parecían gitanos"? ¿Variará alguna cosa si a la trabajadora social se le ofrece triplicarle el sueldo para que se dedique más a fondo a investigar el sector gitano del barrio? ¿O si ella misma descubre que esa investigación puede convertirse en tema para su tesis de doctorado, para un libro y para destacarse en los congresos profesionales de su propia disciplina? ¿Qué pasará con la investigación y sus resultados si —por el contrario— quien investiga tiene miedo y pereza de dedicarse a fondo a visitar el barrio en cuestión? ¿O si, simplemente, tiene la certeza de que, haga lo que haga, nada cambiará ni en la vida del barrio ni en la suya propia? ¿Y qué tal si quien hace la investigación es un gitano que no quiere que nadie conozca sus orígenes y que está convencido de que eso de "gitano" es algo vergonzoso y primitivo que debe desaparecer? ¿O si una compañía privada está interesada en que el sector sea desalojado y así se lo sugiere al investigador, ofreciéndole además una jugosa beca, publicación de su tesis y un buen empleo?

En pocas palabras: nuestra posición ante lo que queremos conocer marca profundamente qué y cómo lo conocemos. Cuando digo *posición*, me refiero a las muy concretas circunstancias físicas, emocionales, culturales, sociales, políticas y económicas en las que nos encontramos cuando —conscientemente o no— intentamos conocer algo. Esas circunstancias varían de una persona a otra y de un momento de nuestras vidas a otro. Tales condiciones —por supuesto— cambian también según el lugar, tiempo, sector social, grupo étnico, conjunto lingüístico, la tradición cultural, visión religiosa o coyuntura política en que se viva.

Nuestra posición no es algo, pues, estático ni meramente individual o simplemente momentáneo. No. Nuestra posición es variable, dinámica, cambiante —y ello contribuye a modificar qué conocemos y cómo lo conocemos. Nuestra posición es, además, posición en una sociedad concreta —con sus idiomas, autoridades, evidencias, conflictos, etc., y no otros. Es desde una comunidad —con los instrumentos de conocimiento y de comunicación a nuestro alcance en tal comunidad— que conocemos lo que conocemos. Nuestra posición, en fin, es un momento específico de una vida individual, de una biografía propia: es el resultado de una búsqueda —personal y colectiva— con logros, acomodamientos, frustraciones y anhelos específicos. Nuestra posición es un fragmento de un recorrido, un pedazo de una travesía, un trozo de un itinerario definido no sólo por el pasado, sino, asimismo, por esperanzas, deseos, temores, intereses y metas que nos halan hacia el futuro de modos muy propios.

Y es sólo desde allí —desde nuestra posición bien particular— que conocemos. Y esa nuestra posición nos conmina a conocer ciertas cosas (no todas) y de cierto modo (no de cualquiera).

Es muy fácil decir que esto sólo es cierto, si acaso, para el conocimiento "no científico". Yo quisiera sugerir —y no faltan científicos que concuerden con esta idea ([1])— que cualquier tipo de conocimiento está marcado, condicionado, moldeado por la posición concreta de quién conoce. Es más, podría decirse que, en un cierto sentido, todo conocimiento es —entre otras cosas y aunque no nos percatemos de ello— una forma de ver al mundo en relación con nosotros y de vernos a nosotros mismos en medio de ese mundo del que formamos parte activa ([2]).

En cualquier caso, quiero proponer —para cerrar este punto— algunas implicaciones de la idea de que nuestra posición condiciona lo que conocemos y cómo lo conocemos.

Si nos tomamos bien en serio esa idea, me parece, no basta entonces con "mirar hacia fuera de nosotros" a la hora de conocer la realidad que nos rodea. Antes por el contrario, el esfuerzo de conocer críticamente nuestra realidad quizá tendría que conllevar el afán deliberado, constante, por examinar quiénes somos, de dónde venimos, qué sentimos y deseamos, qué tememos o anhelamos, y cómo esa situación concreta nuestra repercute en lo que conocemos y cómo lo conocemos. Así, podríamos interrogarnos acerca de qué consideramos importante de conocer —o irrelevante— y cómo llegamos a verlo como tal. Igualmente, podría ser fértil preguntarnos a quiénes y por qué —y desde cuándo— consideramos autoridades en materia de conocimiento, y, por el contrario, a quiénes y por qué despreciamos como fuentes del conocer.

Asimismo, valdría probablemente la pena reflexionar personal y colectivamente acerca de cuál es la situación específica de quienes reconocemos como autoridades científicas: ¿Desde dónde, apoyados por quiénes, en beneficio de quiénes, con qué provecho y en cuales áreas tales autoridades "hacen ciencia", "producen conocimientos"? ¿Cuál es la posición social, económica, política, profesional, etc., desde la que tales autoridades dicen conocer? ¿Cuáles voces, intereses, tradiciones, especialidades, habilidades, logros, técnicas y conocimientos son, por el contrario, desautorizados por tales autoridades? ¿En qué otros aspectos se diferencian "autoridades" y "desautorizados"? ¿Es eso casual?

A lo mejor, interpelarnos acerca de tales cosas nos ayudará, por una parte, a no aceptar como "conocimiento", sin más, cosas que pueden y deben ser examinadas mucho más a fondo. Y acaso, por otro lado, un ejercicio como éste nos lleve a apreciar mucho más lo que *nosotros mismos* —y mucha otra gente— tenemos que decir sobre qué es lo real, lo posible, lo deseable ... y sobre cómo llegar no sólo a conocerlo, sino, también, a alcanzarlo, disfrutarlo y enriquecerlo en comunidad.

Estudiar la historia de lo que queremos conocer

A veces, nos preguntamos cosas como "¿Qué es el comunismo?", y queremos respuestas simples y sencillas a nuestra pregunta ... respuestas como, por ejemplo, "El comunismo es un sistema económico y político inspirado en las ideas de Marx y Lenin, como lo hubo en la Unión Soviética de 1917 a 1991; en él, toda propiedad es del Estado, hay un sólo partido político y no se permite la religión". Fácil y elemental, ¿no? Sin embargo, esa respuesta nos sirve de muy poco para entender cosas como los pleitos entre países, partidos y personas que son llamados todos "comunistas".

Tampoco nos resulta útil esa definición para comprender por qué tantos cristianos que trabajan con grupos populares son acusados y perseguidos como "comunistas". En fin, esa idea de "comunismo" no nos explica la atracción que ideas y partidos comunistas a menudo tienen entre intelectuales, jóvenes y obreros.

Voy a sugerir algunos posibles defectos de aquella definición de "comunismo"; algunas de las posibles razones por las que una definición como ésa deja sin respuesta muchas otras preguntas relacionadas con el tema.

En primer lugar, ni la pregunta ni la respuesta dicen nada acerca de quién responde, ni de cómo ha venido siendo la relación de quien responde con pensamiento, partidos, países y personas "comunistas". Y eso es, sin duda, importante, como lo sugerimos en el punto anterior. Después de todo, no va a tener la misma opinión sobre el comunismo quien ha sufrido bajo un régimen llamado comunista (como le pasó al Papa Juan Pablo II en su Polonia natal, o al escritor Alejandro Solyenitzin en Rusia) que quien haya sido, por el contrario, perseguido por ser supuestamente "comunista" (como las religiosas estadounidenses de Maryknoll asesinadas en El Salvador o la cantante Mercedes Sosa en Argentina). Por el contrario, toda persona destacará en una realidad cualquiera aquellos aspectos —positivos o negativos— que más marcaron su propia relación personal con tal realidad.

En tal sentido, yo sugeriría que —a la hora de querer profundizar nuestro conocimiento de cualquier cosa— revisemos a fondo cuál ha sido la relación de quien nos informa (autor, equipo, institución, etc.) con la realidad que queremos conocer. Este es un primer aspecto *histórico* que me parece interesante tener en cuenta: la historia de la relación de nuestras fuentes de conocimiento con la realidad que queremos conocer.

Pero ahora, en este punto, quiero ir más allá y quiero

sugerir lo siguiente: puede ser útil, para enriquecer nuestro conocimiento de una realidad cualquiera, reconstruir la historia de esa realidad misma que queremos conocer y, también, la *historia del lenguaje* (de los términos, de las palabras) conque hablamos de ella. Volvamos a nuestro ejemplo del comunismo: ¿De dónde viene esa palabra? ¿En qué idioma, país, época y grupo se acuñó ese término? ¿Qué significado parece habérsele dado entonces? ¿A qué se oponía, con qué se asociaba? ¿Cuáles eran entonces los sinónimos y los antónimos de esa expresión? ¿Qué transformaciones ha venido sufriendo esa palabra, su uso y su significado? ¿Dónde, cuándo, en medio de qué circunstancias sociales, políticas, económicas, étnicas, lingüísticas, geográficas, militares, religiosas?

Todas estas preguntas, por supuesto, exigen investigación y reflexión, tiempo y esfuerzo: hacen mucho más difícil y complicada la respuesta a aquella pregunta original ("¿Qué es el comunismo?"). Pero, también, ese tipo de preguntas puede ayudarnos a enriquecer el conocimiento de aquellas cosas que realmente nos interesa conocer a fondo.

Veamos otro ejemplo. Varias personas pueden trabar una disputa acerca de, digamos, si el Papa es o no es "infalible". La gente puede concluir enemistada y dividida simplistamente entre quienes piensan que sí, quienes creen que no, y quienes permanecen en la duda. Pero, aun así, la polémica puede cerrarse sin nadie haber enriquecido para nada su conocimiento acerca de la iglesia, del papado y del concepto de infalibilidad papal.

Una controversia como esa quizá sería mucho más interesante y enriquecedora si incluyese preocupaciones como las siguientes. ¿De dónde viene el título de "Papa"? ¿A quiénes, dónde, cuándo y con qué sentido se les aplicaba? ¿Es ése un título que se le aplicó siempre y sólo a los obispos católicos de Roma? Y si no, ¿desde cuándo se aplica tal título a los obispos católicos de Roma? ¿Y la "infalibilidad"? ¿De dónde viene tal término? ¿Cuándo, dónde y por qué se empezó a hablar de "infalibilidad papal"? ¿Cuándo, cómo, por quiénes y bajo cuáles circunstancias se declaró esa "infalibilidad papal"? ¿Qué definición se le da a la "infalibilidad papal" en esa declaración? ¿Quiénes, dentro y fuera de la iglesia católica, han criticado o se han opuesto al dogma de la "infalibilidad papal"? ¿Con qué argumentos? ¿Qué discusiones y opiniones se han generado en los últimos años entre los teólogos sobre ese tema? ¿Hubo algunas innovaciones al respecto introducidas por Juan XXIII, Pablo VI o el Concilio Ecuménico Vaticano II? ¿Alguien abandonó la iglesia católica a raíz de declararse el dogma de la "infalibilidad papal"? ¿Por qué? ¿Que opiniones han desarrollado otras iglesias cristianas acerca del papado y de la "infalibilidad"?

Frecuentemente, los grupos humanos se dividen o se unen contra las expectativas y planes de sus dirigentes; nuestras luchas fracasan inesperadamente o, por el contrario, logramos cosas diferentes de aquéllas que procurábamos; nuestros sueños se frustran, se postergan indefinidamente, cambian o se realizan del modo más sorpresivo. A veces eso ocurre, precisamente, por ocuparnos sólo de la realidad inmediata y presente que queremos rescatar, defender o transformar —sin prestarle ninguna atención a la historia de esa realidad. Tal realidad puede ser la del desempleo, la criminalidad, la música clásica, la separación eclesiástica entre clero y laicos, el deterioro de la capa de ozono, una crisis amorosa personal, la *perestroika*, el SIDA, una hija drogadicta o cualquier otra cosa. Lo que yo quisiera sugerir es que, en todos esos casos, si queremos entender las tendencias, posibilidades y dificultades de una realidad determinada, puede ser muy provechoso examinar el proceso histórico del cual esa realidad proviene y del cual esa misma realidad es sólo un momento.

Contrastar lo familiar con lo diferente

En la primera parte del libro habíamos hablado de nuestra tendencia a no lidiar con lo que nos resulta extraño, incomprensible o absurdo. Es más sencillo, sin duda, hacer como si eso no existiese ... Pero ¿es eso siempre lo mejor? Tomemos por caso una pareja que descubre que la hija está embarazada sin haberse casado. En nuestra sociedad, esa pareja podría fácilmente percibir ese hecho como algo malo, escandaloso, pecaminoso, inaceptable. En consecuencia, tal pareja podría expulsar a la hija de la casa y rehusar ayudarla de cualquier manera. Desesperada, avergonzada y abandonada a su suerte, la muchacha podría optar —como a veces acontece— por suicidarse. Nadie, al parecer, sale ganando de una situación como esa: ¿no será posible ver las cosas de otro modo?

Por ejemplo, si eso aconteciese en mi país, Venezuela, podríamos preguntarnos si, en realidad, el embarazo de esa muchacha es algo tan extraordinario y escandaloso ... pues resulta que, si se examina bien las estadísticas, más de la mitad de los venezolanos nacemos de gente no casada oficialmente. No estoy diciendo que deba aceptarse sin más lo que la mayoría hace. No: lo que sugiero es que lo que a alguna gente le parece totalmente anormal y excepcional puede ser mucho más común de lo que parece ... y verlo como algo "más común de lo que parece" puede ayudarnos a tratarlo de modo más equilibrado, saludable y provechoso.

Si vemos, además, cómo maternidad y familia son entendidas en otras sociedades (actuales y pasadas), podemos adquirir otra perspectiva al respecto. Por ejemplo, en casi todas las naciones y religiones de la humanidad, se consideraba suficiente el consentimiento de ciertas personas mayores para que dos seres humanos pudiesen vivir juntas y tener descendientes. En muchas sociedades eso era celebrado con una fiesta ... pero no era la celebración la que hacía válida la unión, sino alrevés: la unión le daba sentido a la fiesta. En las comunidades cristianas —hasta hace pocos siglos— era *matrimonio válido* el que una soltera y un soltero cristianos, capaces de procrear bebés y que no fuesen parientes cercanos, decidieran vivir juntos y tener hijos ... ¡que los padres supieran o apoyaran esa unión o no, que fuesen o no llenados documentos por los contrayentes, que se celebrase o no la unión en un templo o delante de un pastor! Hoy mismo, ciertas comunidades cristianas holandesas conservan aún la tradición de sólo permitir matrimonio de las hijas cuando éstas estén ya embarazadas —para así garantizar continuidad, comunidad, herederos, etc. Es decir, en otras circunstancias, el embarazo de aquella joven hubiera podido ser celebrado como grata prueba de que sí debía casarse o, incluso, como prueba de que —en un cierto modo— ¡ya estaba casada!

De nuevo: mi intención aquí no es la de decir que porque en otras partes y otros tiempos se hace algo, entonces debemos hacerlo nosotros también. No. Ni quiero sugerir que "todo es relativo y por ende todo vale". Tampoco. Lo que sí quiero insinuar es que puede ser bueno pararse a examinar nuestra realidad desde varios ángulos, compararla con realidades contemporáneas, contrastarla con realidades distintas, cuestionar nuestra perspectiva espontánea e imaginar creativamente otras posibles maneras de ver las cosas. Ese esfuerzo podría ayudarnos, precisamente, a ver más claramente qué es lo que queremos y por qué; a discernir hasta qué punto y por qué caminos podemos lograr el máximo de eso que realmente queremos; y, entonces, proyectar aquellas acciones que parezcan conducirnos a lo que buscamos. Ese mismo esfuerzo de tratar ver la realidad desde perspectivas diferentes a las "normales" podría quizá ayudarnos a entender y sobrellevar mejor los fracasos; a evaluar y superar las circunstancias que —a menudo— frustran nuestros sueños, proyectos y planes; y a discernir y aprovechar más a fondo las novedades inesperadas que surjan en nuestros caminos.

Usualmente, pues, tendemos a analizar los "hechos" sin contrastarlos con realidades diferentes ni parecidas y sin hacernos preguntas "anormales". En este sentido, quisiera proponer que tratemos, con mayor frecuencia, de "salir" de nuestra realidad "normal": que comparemos nuestra realidad con muchas otras, sobre todo con realidades bien diferentes de la nuestra; que nos hagamos preguntas creativas, imaginativas, "raras" acerca de la realidad que conocemos; y que tratemos de conocer todo aquello que cuestione la idea de que las cosas "siempre han sido así". Quizá este modo de "conocer críticamente" sirva para descubrir modos inéditos de conservar, rescatar, transformar o superar aquello que nos interese de nuestra realidad.

Esto no significa trabajar sin método, desorganizadamente. No. Conocer la realidad requiere, sin duda, tomarse en serio los métodos de investigación establecidos: conocerlos, dominarlos, saber utilizarlos y aprovecharlos. Pero conocer la realidad exige asimismo ser capaces de percibir las limitaciones, rigideces e incoherencias de esos mismos métodos: ser, pues, capaces, de corregirlos, enriquecerlos y superarlos —hasta el punto de hacernos capaces de concebir *nuevos* métodos, más aptos para brindar *nuevas* soluciones a nuestros *nuevos* problemas.

Es claro que, desafortunadamente, estas cosas no son fáciles. Precisan de recursos emocionales, culturales, económicos, políticos y sociales que cuesta mucho conquistar y preservar. Razón de más, quizá, para continuar reflexionando sobre estos asuntos sabiendo que para ninguno de ellos hay respuesta fácil.

Ponerse en las botas de la otra gente

De hecho, a menudo, no hace falta ir tan lejos para encontrar otras perspectivas, otros puntos de vista, otros modos de percibir y de tratar realidades que nos resulten importantes. En nuestro mismo barrio, familia, partido, empresa, iglesia, seguramente hay personas o grupos que captan muchos aspectos de la realidad de manera bastante diferente —a veces hasta opuesta— a como la vemos nosotros ¿cierto? Y si no, ciertamente en nuestra ciudad, región, país, habrá mucha gente que no considere las cosas del mismo modo que yo lo hago ¿verdad?

Esto parece que es más cierto en sociedades grandes, complejas, heterogéneas —donde la gente viene de razas, países, culturas y religiones variadas— como lo son prácticamente todas las naciones de América y Europa ... y quizá ya todas las grandes ciudades del mundo. Y da la impresión de que tal multiplicidad y choque de perspectivas se da aun más donde hay relaciones desiguales de poder (económico, militar, cultural, político); es decir, donde se dan relaciones de opresión, de dominación, entre sectores diversos de la misma sociedad. Y este es quizá el caso de todas las sociedades "modernas" hoy existentes.

Parece.

Así, es perfectamente posible que la inmensa mayoría de los trabajadores de un país cualquiera (empleados o desempleados) y sus familias vean como catástrofe espantosa una declaración del gobierno congelando salarios durante un año. Al mismo tiempo, puede ser que una enorme parte de los grandes empresarios del mismo país reciba esa medida con gran alborozo y alegría —y hasta homenajeen al ministro de Economía en acto de agradecimiento. Simultáneamente, es probable que otros sectores del mismo país (profesionales, intelectuales, técnicos, comerciantes, banqueros y pequeños empresarios) tengan una mayor variedad de puntos de vista. Para algunos, la congelación de salarios será algo sin importancia (por ejemplo para quien aun no sabe qué consecuencias tendrá eso en su vida). Para otros, será algo "doloroso pero necesario" (sobre todo si tienen esperanzas de que las cosas mejorarán al cabo de un año y si esa congelación no amenaza su propia sobrevivencia y la de sus seres queridos). Para otros puede ser algo bueno "pero con un 'costo social' inevitable" (pueden ver las cosas así, tal vez, los asesores económicos del gobierno y muchos empresarios). En fin, podrá haber quienes vean esa congelación como "una política intolerable del gobierno que debe ser derrotada con las armas en la mano" (y aquí se pueden encontrar no sólo guerrilleros de izquierda, sino también militares ansiosos de "pescar en río revuelto").

Ante esa variedad de opiniones (^{3}) ¿quién tiene la razón? Permítaseme apuntar que esa pregunta —"¿Quién tiene la razón?"— es, quizá, la peor pregunta que podemos hacernos ante una variedad de opiniones como la mencionada.

Total, ¿adónde nos lleva esa pregunta? Por lo general, nos conducirá a escoger apenas una de las opiniones preexistentes, rechazar las otras, y no contribuir nada nuevo a la situación.

Mejor, quizá, sea preguntarnos ¿por qué, cómo y entre quiénes surge cada una de estas perspectivas? ¿Quiénes y cómo alimentan y justifican cada uno de esos puntos de vista? ¿Qué tipos de acción —y con qué resultados— acompañan a cada una de esas percepciones? ¿Qué intereses en conflicto se hallan tras cada una de esas visiones de la realidad? ¿Qué relaciones de fuerza, de poder, caracterizan las relaciones entre esas ideas en conflicto?

Posiblemente aprendamos más —y desarrollemos más nuestra capacidad de reflexión crítica— planteándonos seriamente este otro tipo de preguntas que simplemente "tomando partido". No quiero sugerir con esto que no debamos "tomar partido". No. En realidad creo que, en situaciones como ésa, "no tomar partido" es, en realidad, la manera más cómoda de tomar partido contra quienes llevan las de perder. Lo que quiero indicar es que *no basta* con tomar partido (sobre todo si tomamos partido por quienes llevan las de perder): es preciso ir más allá y tratar de comprender la lógica de quienes ven las cosas de una manera diferente; procurar captar qué es lo que se ve desde otras posiciones y que no vemos desde la posición que compartimos; intentar entender quiénes, cómo y por qué son atraídos a una manera de ver las cosas distinta de la que nos parece la correcta.

Tal vez un esfuerzo constante de analizar de esta manera la pluralidad de perspectivas sobre una materia nos ayude, al menos de vez en cuando, a comprender algunos de nuestros fracasos y derrotas. Quizá así también podamos entender, desde otras perspectivas, varios de nuestros propios avances y logros. Y, en fin, a lo mejor este ejercicio nos sirve para afinar nuestros mapas de la realidad y superar algunos de los obstáculos que nos impiden llegar adonde queremos.

Pero no toda pluralidad de perspectivas tiene que ser conflictiva. Las diferencias no tienen por qué ser siempre "malas". La unanimidad no tiene por qué ser mejor que la multiplicidad ([4]). Las discrepancias no tienen que resolverse siempre en "vencedores" y "vencidos". Puede haber —y a menudo hay— otras formas de considerar y de manejar la variedad y divergencia de perspectivas. Pero para ello es preciso "ponerse en los zapatos de la otra persona", dialogar, tratar de comprender de verdad —desde dentro y a fondo— las distintas maneras de ver una misma realidad.

Permítaseme concluir este punto con esta idea: cuando nos hallamos ante versiones distintas de una misma realidad, tendemos a pensar que sólo una de ellas es la cierta. Acaso sea mejor, en lugar de "decidir" apresuradamente "cuál es la cierta", examinar qué hay dentro y detrás de cada opinión diferente. Quizás. No quiero decir "suspender indefinidamente la acción hasta examinar todas las posiciones en juego". No: aparte de ridículo e imposible, eso sería contraproducente para cualquier grupo o persona en situaciones de emergencia y/o de conflicto desventajoso. Lo que sí quiero sugerir es que es de elemental necesidad ética no eliminar ni excluir a quienes ven las cosas de manera diferente: es preciso reexaminar con cuidado qué hay dentro y detrás de visiones diferentes de la nuestra. Quizá eso nos ayude no sólo a construir una sociedad más justa y humana —más cariñosamente respetuosa de la pluralidad y la diferencia— sino, también, a ver más hondo en nuestras propias razones y tornarnos así capaces de corregir, enriquecer y transformar constructivamente nuestras relaciones y acciones con respecto a otros seres humanos.

Revisar detenidamente nuestras convicciones y posiciones

Cuando nos preocupa gravemente una circunstancia nueva, generalmente nos precipitamos —a solas o en grupo— a intentar darle una solución inmediata. Así, por ejemplo, podemos sentir que hay que lanzarse a una protesta callejera para presionar por mejores salarios ... y acabar derrotados, presos y desempleados al final de la protesta. Cuando, por el contrario, nos gusta mucho la situación en la que nos encontramos —o estamos convencidos de que no va a cambiar— es muy probable que nos opongamos a todo lo que intente modificar esa situación y que nos neguemos a ver los procesos que pueden provocar cambios radicales de la situación. Quizá algo de eso le pasó a los líderes de partidos y gobiernos comunistas en Europa Oriental: acostumbrados cómodamente al poder y doctrinariamente convencidos de que el socialismo no podía ser derribado (y menos desde dentro por los trabajadores mismos), nunca prestaron seria atención al descontento general creciente. En fin, luego de fracasar repetidamente los esfuerzos por cambiar una situación destructiva, es común que abandonemos la lucha, nos resignemos a la condición en la que nos encontramos y no captemos las nuevas ocasiones de cambio que puedan aparecer. Eso le acontece a familiares de alcohólicos que llegan incluso a defender al alcohólico, a negar la necesidad de cambios radicales en él y su familia y a confirmarlo en su tendencia a culpar siempre a "otros" por sus propios problemas y los de su familia.

Parece ser, pues, que cuando estamos demasiado metidos en una determinada realidad; cuando estamos muy comprometidos con una institución, comunidad o lucha; cuando estamos hondamente agobiados o atraídos por algo o por alguien ... entonces nos resulta muy difícil distinguir, discernir, separar lo que de hecho está aconteciendo de lo que aprendimos a ver y esperar, de lo que quisiéramos que sucediese, de lo que creemos que "debería ser", de lo que tememos y de lo que estamos acostumbrados a que suceda.

Para decirlo en pocas palabras (aunque la cosa es mucho más compleja), cuando una cosa no nos interesa mucho, ni nos molestamos en estudiarla o analizarla a fondo. Pero cuando una realidad determinada sí que nos toca hondamente, entonces tendemos a "no ver sino lo que nos conviene", y a analizar las cosas de manera "interesada". A menudo saltaremos demasiado apresuradamente de describir y analizar la realidad "objetivamente" ... a *juzgar* lo que sucede como "bueno", "malo", "imposible", "escandaloso", "calumnia", etc., y a actuar en consecuencia.

Hace años, una institución católica venezolana fue encargada de hacer una investigación sobre anticonceptivos en la principal maternidad del país. La encuesta reveló que la mayoría de las mujeres venezolanas no tenía ni la más mínima información acerca de la doctrina oficial católica sobre anticonceptivos. La persona responsable de la investigación se disgustó profundamente; informó a los investigadores que a los obispos no se les podía ofender con resultados de ese tipo y que sería necesario rehacer la investigación de otra manera. No creo que sea realmente posible separar totalmente nuestros valores, intereses y emociones del "análisis objetivo" de la realidad. Es más, no creo que eso sea realmente conveniente. Pero sí me parece muy importante reconocer que nuestros principios, deseos y sentimientos nos permiten, sin duda, *captar* aspectos de la realidad —que quizá nos serían invisibles de otro modo— pero también, con frecuencia, *nos ciegan*: impidiéndonos ver lo que pueda incomodarnos, angustiarnos o amenazar nuestras vidas; y, paralelamente, conduciéndonos a ver las ilusiones y los fantasmas que surgen de nuestros deseos y temores como si fuesen reales.

Yo *no* sugeriría que hagamos un "análisis neutro y objetivo, libre de valores" (no creo que eso sea posible ni deseable). Tampoco propondría que pongamos nuestros principios y creencias "entre paréntesis", como si no existieran (me parece que, de nuevo, esto no es factible ni aconsejable). Lo que sí plantearía es, en primer lugar, la posibilidad —es más, con frecuencia, la conveniencia y hasta la exigencia ética— de reconocer explícitamente, en diálogo con nuestra comunidad, cuáles son los valores, intereses, costumbres y emociones que marcan nuestra vida y nuestra percepción del mundo, y en qué medida los asumimos y queremos llevarlos a la práctica. Enseguida, en segundo lugar, analizar en qué grado y en cuáles áreas esa visión nuestra puede cegarnos ante ciertas cosas que son reales y, por el contrario, hacernos ver como reales ciertas cosas que no lo son —así como llevarnos demasiado rápidamente del análisis a la acción. Y, en fin, en tercer lugar, examinar cuáles son los obstáculos reales para la realización de nuestros valores y cuáles los recursos con los que realmente podríamos contar para realizar nuestros planes, proyectos y sueños.

Nadie está solo en el mundo. Nuestra manera de conocer la realidad —y, por ende, de actuar en ella— *puede afectar gravemente a otros seres humanos*. Al menos por esto, tenemos la permanente responsabilidad *ética* de examinar los presupuestos y las implicaciones de nuestro conocimiento —en diálogo con otros, especialmente con la gente real o potencialmente afectada por nuestro conocimiento y nuestras acciones.

En este sentido, creo importante desarrollar nuestra capacidad personal y colectiva de *distinguir*, por una parte, los procesos que realmente ocurren independientemente de nuestra visión de la realidad (y que de algún modo condicionan lo que es probable, lo posible y lo difícilmente alcanzable) y, por otra, nuestros procesos subjetivos (es decir, nuestros deseos, valores, intenciones, proyectos, etc.). Digo *distinguir*, y no "separar", porque estoy consciente de que las realidades con las cuales los humanos estamos en relación, que son las que nos interesan, son una compleja combinación de "subjetividad" y "objetividad". En realidad, nuestra subjetividad (es decir, nuestra visión del mundo, nuestra vida interior, etc.) está constantemente afectada por factores "externos", "objetivos". Y viceversa: nuestra subjetividad es parte de la realidad "externa", "objetiva" ... la afecta, la influye y la transforma.

Tomemos el racismo como ejemplo. En principio, podríamos pensar que hay personas que son racistas y otras que no lo son, y que esto es un asunto "subjetivo", de valores personales, de la visión del mundo de cada uno. Esto, sin duda, es en parte cierto: ser o no ser racista es cuestión de ideas acerca de la realidad, de actitudes interiores ante quienes vemos como diferentes. Pero esta dimensión "subjetiva" del racismo generalmente está conectada con realidades y procesos objetivos. Por una parte, en muchas sociedades hay factores objetivos que contribuyen a producir y reforzar actitudes, relaciones y conductas racistas (por ejemplo, filmes donde se representa a los indígenas como inferiores; presiones para que un familiar no se case con una enamorada negra; chistes ridiculizando a los judíos; linchamiento de latinos; etc.). Y, por otra parte, quienes asumen una visión racista de algún grupo social, generalmente tendrán también comportamientos racistas con consecuencias sumamente "reales y objetivas": negarán empleo a una joven indígena; darán una nota inferior a una alumna judía; rehuirán los intentos amistosos de un colega negro; se cruzarán de brazos ante la deportación de un grupo de refugiados asiáticos; votarán por una candidata que prometa cerrar la entrada de inmigrantes latinoamericanos; etc.

Cualquier separación, allí, de "subjetividad" y "objetividad", me parece poco fértil. Sin embargo, puede ser provechoso (para entender lo que está sucediendo y actuar eficazmente contra los procesos destructivos que nos plagan) *distinguir*, por un lado, los procesos "objetivos" (existentes independientemente de que nos convengan o no) y, por otro, los procesos "subjetivos", que emergen de nuestros deseos, esperanzas, emociones e intenciones. Quizá —ojalá— el distinguir más clara y frecuentemente esas facetas de la realidad nos ayude a entender mejor la unidad real de "subjetividad" y "objetividad", sus complejas interrelaciones.

Quizá así comprendamos mejor cómo y por qué tendemos tanto a engañarnos y autosabotearnos ... y descubramos cómo pueden las cosas llegar a ser diferentes, mejores para todas y todos.

En un cierto sentido, una vez más, quiero sugerir que todo análisis de la realidad "externa" tal vez debería entretejerse con un "autoanálisis", tanto personal como comunitario. Es decir, deberíamos reflexionar críticamente acerca de cómo nosotros mismos contribuimos a construir realidades que, luego, desconocemos y rechazamos. El padre de familia que castiga brutalmente la "desobediencia" del hijo de 7 años, y al mismo tiempo protesta contra las torturas del gobierno a los presos de la oposición, ¿no está —sin saberlo ni quererlo— procreando, repitiendo y justificando la tortura como forma de imponerle a los menos fuertes la opinión de los más fuertes? El movimiento político que propone solamente "votar por el candidato nuestro" como solución contra los males del sistema y del gobierno presentes ¿no está de algún modo alimentando la pasividad, el paternalismo, el mesianismo y el individualismo que tanto contribuyen a multiplicar aquellos mismos males? En cualquier caso, lo que quiero destacar es que puede ser conveniente revisar más a fondo y a menudo nuestras convicciones y posiciones ... a fin de ver hasta qué punto, de verdad, nuestras maneras de conocer, de ver el mundo, son o no adecuadas para procrear el mundo que soñamos y en el que quisiéramos celebrar la vida.

Una Síntesis Sencilla del Asunto

Los seres humanos preferimos las operaciones sencillas y simples a las complicaciones y dificultades, sobre todo si éstas son de algún modo dolorosas. Así, cuando contemplamos la realidad, tendemos asiduamente a verla como nos hemos acostumbrado a creer que es, a percibirla como si fuese fácil entenderla, y más aun si nos sentimos gravemente urgidos de actuar en ella.

Es, sin duda, fácil y más cómodo, por ejemplo, clasificar las acciones en "buenas y malas", las religiones en "verdadera y falsas", la gente en "perezosos y trabajadores" (o en "honestos y corruptos", "opresores y oprimidos"), los sistemas políticos en "capitalismo y comunismo" (o "democracia y dictadura", "modernos y subdesarrollados", etc.); creer que todas las cosas tienen sólo una causa y apenas una solución;

convencerse de que cuando varias personas piensan diferente sólo una (o ninguna) tiene la razón; juntarse sobre todo con quienes ven las cosas "como uno"; pensar que si no hay una sola verdad —eterna y absoluta— entonces "todo vale, todo da igual"; confiar sin dudas en los "expertos" y los "científicos", etc.

Y todo eso es, indudablemente, más fácil y cómodo que usar constantemente *nuestras capacidades* de dudar acerca de lo que parece obvio, de interrogarnos sobre lo que no es claramente visible, de criticar las opiniones predominantes en torno a un asunto cualquiera, de juntarnos con otras personas para intercambiar información e ideas alrededor de un tema importante, de investigar a fondo una realidad al mismo tiempo que participamos en luchas por transformarla, de tomarnos en serio puntos de vista diferentes a los nuestros, de contrastar nuestra percepción con realidades y teorías que nos obliguen a cuestionarla, y, en fin, de permanecer abiertos a la posibilidad de criticar, enriquecer y transformar nuestro modo de ver y de vivir la vida.

Preguntarse tantas cosas —y compartir esos y otros interrogantes con quienes nos rodean— puede, fácilmente, hacernos sentir inseguros y confundidos y requiere, por lo demás, recursos que cuesta mucho obtener y preservar (como espacio, tiempo, energía, apoyo comunitario, autoconfianza, etc.).

Empero ¿no será por simplificar demasiado la realidad que a menudo nos encontramos perdidos, frustrados, sin capacidad de entender ni superar nuestros problemas personales y colectivos?

Quizá. Por lo menos esa era mi hipótesis en esta parte del libro. Y lo que he querido sugerir es que puede haber ocasiones en que la *reflexión crítica* nos ayude a salir de muchos atolladeros, tanto individuales como comunitarios.

Y aquí, en esta parte del libro, propuse apenas unos

pocos modos de ejercitar y desarrollar nuestra capacidad de *conocer críticamente*: interrogarnos acerca de la manera cómo nos hemos venido relacionando con las realidades que queremos conocer; sondear la historia de esas mismas realidades y las diferentes maneras cómo han sido vistas a través de su historia; explorar —en el pasado o en sociedades diferentes— otras maneras posibles de concebir y relacionarse con realidades semejantes; examinar a fondo diferentes perspectivas y controversias que se dan hoy sobre tales realidades; y reflexionar autocríticamente en torno a cómo nuestros propios intereses y valoraciones pueden ofuscar nuestra aptitud de captar lo que realmente nos interesa conocer.

Cualquier persona que lea esto podría —y quizá debería— aprovechar la ocasión para desarrollar su propia capacidad para la reflexión crítica ... ¡*criticando* este libro y esta parte también! En tal sentido, pediría que pensaran qué falta aquí, qué sobra, qué debería corregirse y qué podría explicarse mejor ([5]).

CAPÍTULO Tres

Opresión, Liberación y Conocimiento

Conocí a Maximina por allá por los años sesenta. Era hija de campesinos y había llegado bastante joven a trabajar como empleada doméstica en la ciudad de Caracas. Un día supo que Manolo —un señor que trabajaba en un mercado a unas cuadras de mi casa— tenía una cierta enfermedad de la piel llamada erisipela. Maximina le aconsejó restregarse un sapo vivo en la piel enferma. Según decía, ella había visto cómo alguna gente de su pueblo natal se curó así de esa enfermedad. La mayor parte de quienes escucharon a Maximina sonrieron y, a sus espaldas, se burlaron de ella: "ignorante", "analfabeta", "bruja", "tonta", "india", la llamaban.

Manolo tampoco le hizo caso. Fue a una médica privada —pues no tenía Seguro Social y aquello no parecía una emergencia— y me contó que entre doctora y farmacia se le había ido casi un mes de salario. Le mandaron una medicina llamada "Batracina" y parecía estar mejorando con eso.

A mí me llamó la atención el nombre del medicamento. Estaba saliendo de bachillerato en esos meses y recordaba que a las ranas, los sapos y algunos otros animales los llamaban "batracios" en clase de biología. ¿Qué relación había entre el sapo de Maximina y la "Batracina" que Manolo compró en la farmacia? Le pregunté al respecto a Pedro, un amigo que estudiaba medicina. Él no tenía ni idea, pero le llamó la atención la cosa y se puso a averiguar al respecto en la biblioteca de la Facultad de Medicina.

A los pocos días, Pedro y yo nos encontramos en una fiesta. Me contó que había descubierto que la "Batracina" era una medicina fabricada imitando la leche de ciertos tipos de sapo (es decir, una especie de "leche de sapo" fabricada en laboratorio). Resulta que —según Pedro leyó en algún texto de historia de la medicina— varias comunidades indígenas de América usaban tradicionalmente la leche de ciertos sapos para tratar la erisipela. Durante siglos, esa práctica fue ridiculizada, desaconsejada y hasta prohibida por autoridades civiles, sanitarias y religiosas no-indígenas. Recientemente, sin embargo, algunas instituciones médicas y farmacéuticas occidentales están prestándole mayor atención al conocimiento médico tradicional indígena y, en general, campesino. Las investigaciones de una de esas instituciones "descubrieron" ¡que la leche de ciertos sapos parece curar la erisipela! A partir de esas investigaciones se logró producir en laboratorio una sustancia similar y con efectos curativos parecidos y se le dio, pues, el nombre de "Batracina": como decir "leche de sapo sintética".

Le contamos la historia a Maximina y Manolo. Manolo no pareció creernos mucho ("¡Qué van a saber unos indios de medicina!", nos dijo). Maximina, por su parte, nos comentó con una sonrisa irónica: "Es que aquí no creen sino en doctorcitos".

Si Maximina hubiera sido doctora, seguramente Manolo le habría creído y habría seguido sus instrucciones al pie de la letra. Si, en vez de Maximina, quien aconsejaba la leche de sapo hubiese sido un empresario importante, respetado y adinerado, quizá Manolo también le hubiera hecho caso. O si algún periódico hubiese publicado la noticia —o si la televisión, la radio, o la profesora del liceo cercano así lo hubiesen dicho— quizá, también entonces, "otro gallo cantaría".

*

El conocimiento tiene mucho que ver con el poder: con el poder económico, político, religioso, etc. Tiene que ver, también, con esas otras formas sutiles del poder que son el prestigio, los cargos, los títulos, los premios, etc. La conexión del conocimiento con el poder no es nada sencilla: es complicada, difícil de captar a simple vista. Sin embargo, me parece, las relaciones entre conocimiento y poder son tan importantes que quizá deberíamos prestarles más atención: sobre todo si sentimos que nuestras vidas podrían y deberían ser mejores, pero que aun no tenemos suficiente poder para cambiarlas y mejorarlas.

En la primera parte de este trabajo ya hablábamos acerca de cómo la experiencia del poder marca la manera como conocemos la realidad. Ahora quiero insistir más a fondo sobre ese punto, explorando una media docena de aspectos de las relaciones entre conocimiento de la realidad, poder opresor y esfuerzos de liberación por parte de los oprimidos.

Dijimos anteriormente que "poder" puede ser entendido, en general, como la capacidad de una persona o de una comunidad de satisfacer sus necesidades, lograr sus intereses, alcanzar sus metas. Pero señalamos también un tipo muy particular de poder, muy presente dentro y fuera de las Américas: la fuerza de un grupo o individuo para imponer sus propias metas *en contra y por encima* de los intereses de otros seres humanos, *frustrando* las necesidades de grupos con menor fuerza. Esas relaciones desiguales de fuerza, de poder, son usualmente denominadas "opresión", "dominación" o "explotación".

En esta parte, entonces, vamos a ver algunas conexiones entre conocimiento, poder opresor y esfuerzos liberadores.

Comenzaremos echando un vistazo a la necesidad humana de "congelar" nuestros mapas de la realidad en ideas simples y fijas. Luego hablaremos de la exigencia de "teorías explícitas" para superar situaciones de opresión. Continuaremos refiriéndonos a la tendencia a concebir "enemigos externos", sea porque sufrimos opresión o porque tememos el fin de nuestro poder sobre otros. Proseguiremos analizando la ambigua situación de los "intelectuales" en ese tipo de relaciones. Debatiremos enseguida algunos vínculos entre conocimiento y búsqueda de poder. Y, finalmente, anotaremos algunas posibles maneras de entender las muy complejas conexiones entre poder y verdad. Por supuesto —desafortunadamente— en un tema tan vasto como éste será mucho menos lo dicho que lo que quedará por decir.

Algunas Dimensiones del Problema

Visiones estáticas y dinámica del poder

Para poder entender nosotros mismos nuestros propios descubrimientos, intereses, ideas, intuiciones, etc., se nos hace necesario expresarlos con cierta precisión y firmeza. Para lograr expresar lo que creemos, comunicarlo a otras personas de modo comprensible y persuadirlas de actuar a nuestro lado, es preciso, de alguna manera, "fijar" nuestro conocimiento en ideas estables, simples y claras (aunque, como vimos en el caso de Maximina, eso no es suficiente).

La necesidad de "fijar" el propio conocimiento en ideas estables y comunicables puede brotar en circunstancias muy variadas. Por ahora, en esta parte, voy a referirme únicamente a circunstancias en las que están en juego relaciones de fuerza desigual, relaciones de opresión.

Por ejemplo, un grupo —o individuo— que se halla en una novedosa situación de poder sobre otros, puede comenzar a percibir la realidad de una manera distinta a la que es común y corriente entre sus semejantes (y diferente, también, a la que compartía antes de alcanzar esa posición de mando). En esas condiciones, tal grupo —o individuo— puede verse impulsado a sentir que ahora conoce mejor la realidad; que las cosas no funcionan como antes pensaba y como otros todavía creen. Y, en su esfuerzo por convencerse a sí mismo y a los demás de ese nuevo punto de vista, aquel grupo —o individuo— echará mano de todos los recursos accesibles para formular su percepción de la realidad de una nueva manera al menos tan fija, clara y convincente como la anterior.

Recuerdo aquí a José, un profesional que fue mi amigo y que ocupó diversas posiciones de poder en una universidad latinoamericana. Cuando era miembro del sindicato de profesores de su universidad, José propugnaba aumento de sueldos para sus colegas y luchaba contra el gobierno. Sus ideas y argumentos eran diáfanos y persuasivos. Así se ganó el apoyo de compañeras y compañeros de trabajo, siendo elegido presidente del sindicato. Allí continuó, victoriosamente, la lucha por aumentos salariales para el profesorado. Algunas personas —aunque también críticos del gobierno— trataron de hacerle ver a José lo siguiente. En una ciudad pequeña y aislada como la suya, con una universidad tan grande, los aumentos de sueldo del profesorado podían provocar una fuerte inflación. Esa inflación afectaría negativamente a la mayoría de la población de la ciudad: trabajadores pobres cuyos salarios no aumentarían a la par de la inflación. Además, para el profesorado, esa inflación anularía, en corto tiempo, los supuestos "beneficios" del aumento salarial. José desarrolló nuevos argumentos para defender sus tesis: "quienes no quieran aumento", se burlaba, "¡que lo repartan entre los pobres!". Con el prestigio adquirido, José se lanzó de candidato a Rector de su universidad —ofreciendo aun mayores aumentos de sueldo— y ganó con buena mayoría de votos. A los pocos meses, el sindicato que él había dirigido lanzó una campaña pidiéndole los prometidos aumentos. La respuesta de José fue clara y terminante: "la universidad no tiene dinero; el profesorado ya gana lo suficiente; un aumento salarial acelerará la inflación y se autoanulará a corto plazo; etc., etc." ... ¡los mismos argumentos que José había rechazado del gobierno y de una minoría de oposición durante años!

Pero esa necesidad de formular el propio conocimiento en ideas firmes y claras no sólo surge al ocupar el poder. También germina cuando descubrimos que parte de nuestros sufrimientos son fruto de acciones de personas o grupos con mayor poder que el nuestro. Hace varios años, en Love Canal (en E.U.A.), varias amas de casa comenzaron a sospechar —y a decir claramente— que las crecientes enfermedades de sus niños eran consecuencia de sustancias químicas venenosas botadas en el canal años antes por compañías que ya no operaban en la zona. Allí arrancó una campaña de investigación, información y movilización que produjo —entre otras cosas— declaraciones sencillas, firmes e intransigentes sobre lo que acontecía; esas declaraciones ayudaron a hacer avanzar una lucha que culminó en algunas victorias para la comunidad.

Cuando un grupo oprimido se halla acosado y amenazado de extinción —al igual que cuando una minoría poderosa ve en grave peligro su dominio— esa tendencia a expresar el conocimiento en ideas fijas y firmes se radicaliza: allí pueden emerger entonces visiones sumamente sectarias, excluyentes e intolerantes. Ejemplos pueden ser, en religión, los casos de anabaptistas y luteranos: unos alimentaron guerras campesinas contra los grandes terratenientes de Checoslovaquia y Alemania; los otros animaron matanzas de los mismos campesinos basándose en textos como el de Lutero "Contra las bandas rapaces y asesinas de los campesinos".

Por el contrario, si nuestras ideas son expresadas de manera demasiado flexible, variable, inestable y abierta, será muy difícil convencernos a nosotros mismos —o persuadir a otros— de entablar iniciativas basadas en tales ideas.

Por esas y otras razones —como también, por ejemplo, el que nuestros idiomas hacen casi inevitable expresar el conocimiento de modo inflexible y simplista— es muy común vernos obligados a expresar nuestra percepción de lo real de manera compacta y sencilla, a veces incluso rígida e intransigente.

Esta tendencia a ver la realidad de modo estático —a creer que vemos las cosas como son, que las cosas son como son, siempre fueron así y así serán perennemente— puede relacionarse de muchas maneras distintas con las relaciones de opresión y con los anhelos de autonomía de diferentes sectores de una comunidad.

Por lo pronto, sin duda, a toda élite poderosa, privilegiada y pudiente le interesa y le conviene percibirse y ser percibida —constante y claramente— como merecedora, justa, adecuada, etc. Pero ¿cómo lograr eso con visiones confusas y cambiantes de la realidad social, política, económica, moral o religiosa? ¡Sería casi imposible! Por eso las élites tienden a combatir cualquier amenaza a la estabilidad y firmeza de su propia visión del mundo.

En este fin de milenio estamos recordando el caso de las élites españolas y portuguesas que se establecieron en el poder —hace unos 500 años— sobre indígenas de América y África. Esos grupos invasores ejercieron, sin duda, fuerte violencia armada para imponer su dominio. Pero, como bien lo captaron sus líderes, eso no era suficiente. Si querían perpetuar su poder militar, económico y político sobre la población trabajadora, era necesario más que la fuerza física y el terror sicológico: era preciso convencerse a sí mismos —y convencer a la mayor cantidad posible de indígenas, africanos, mulatos y mestizos— de que el dominio ibérico era justo e invencible. Y, para eso, era conveniente —por ejemplo— una sola visión religiosa de la realidad, bien firme y bastante precisa, la misma para poderosos y subyugados.

Por eso fue tan importante para los monarcas cristianos de Portugal, España, Holanda, Inglaterra, etc., tener el mayor control posible sobre las iglesias de América. Hasta el punto que los monarcas decidían nombramientos de autoridades eclesiásticas, existencia de seminarios y conventos, envío o expulsión de misioneros, permisos y prohibiciones de libros y lecturas, comunicación de las autoridades eclesiásticas de América con las de Europa ... ¡y viceversa! Y si algún obispo o pastor predicaba una interpretación de los Evangelios que desagradaba a los grandes señores, ese clérigo podía sufrir desde una simple amonestación hasta el asesinato —como Monseñor Valdivieso, en Nicaragua, hace más de 400 años— pasando por la multa, la prisión, el exilio e incluso la tortura.

Sugerir cambios, proponer alternativas, señalar contradicciones, o despertar confusiones en cuanto a la visión de la realidad predominante en una sociedad puede, pues, minar la seguridad y la autoridad de quienes allí detentan el poder. Y, por eso mismo, eso puede provocar la represión por parte de quienes —en efecto— tienen mayor fuerza para imponer sus propios intereses. Pensar más allá de los límites establecidos puede, pues, ser algo subversivo y peligroso.

Mas no sólo los poderosos se "encadenan" a visiones estáticas y simplistas de la realidad. Quizá todas las personas lo hacemos, sobre todo si nos sentimos inseguros y amenazados. Entonces podemos llegar a defender fanáticamente una manera de ver las cosas a la que ya estábamos habituados; o, por el contrario, abrazar sectariamente una nueva visión que —por ser más rígida y simple que la anterior— nos devuelva con creces la perdida certeza interior. Eso acontece, y con frecuencia, en las luchas de grupos oprimidos por su liberación (véase, si no, Sendero Luminoso, los shiítas iraníes, o los nuevos movimientos racistas de Europa y los E.U.A., todos con apoyo de sectores oprimidos anhelantes de mayor poder sobre sus propias vidas). De hecho, cabría aquí sugerir, ya para cerrar este punto, lo siguiente. Muchos grupos avasallados por otros, despliegan y propagan —contra la visión dominante de la realidad— nuevos criterios para entender la realidad. Tales modalidades alternativas de definir la realidad tienden, con frecuencia, a tornarse tan estáticas y simplistas como las dominantes. Eso aconteció, verbigracia, a inicios del siglo diecinueve, con patriotas americanos y liberales europeos que abandonaron las conservadoras iglesias cristianas de la época: muchos abrazaron un ateísmo radical que veía estáticamente a la religión como causa de todos los males sociales y, por ende, como algo a ser eliminado definitivamente.

Pero las realidades cambian —y mudan asimismo quienes participan de tales realidades y de las visiones de las mismas. Y, con frecuencia, las élites poderosas se renuevan y se adaptan a las circunstancias vigentes. Si hay ideas difundiéndose en la sociedad que amenacen su dominio, las élites —usualmente— reaccionarán de varias maneras, como desplegar estrategias para asimilar, desprestigiar o desterrar cualquier idea firme y definida que parezca minar el dominio ejercido por ellas mismas.

Un ejemplo que me gusta citar al respecto es el del PRI (el Partido Revolucionario Institucional), que está en el poder político en México hace ya varias décadas. Este partido ha realizado una "obra maestra" de apropiación, reinterpretación y uso de todo el rígido y tradicional lenguaje revolucionario, socialista, anticapitalista y antiimperialista—"desarmando" así intelectualmente (al menos hasta la insurgencia zapatista en Chiapas) a los partidos que le hacen oposición ¡con la complacencia, durante años, "de gringos y soviéticos"!

La "congelación" de nuestro conocimiento de la realidad es, pues, con frecuencia, una "necesidad". Pero, ciertamente, esa "necesidad" entraña riesgos para cualquier esfuerzo liberador.

Necesidad y límites de las teorías de la opresión

Uno de los motivos para querer entender clara y definitivamente cómo y por qué las cosas son como son, puede ser el sentirnos agobiados por la realidad misma y, por lo tanto, con urgentes deseos de cambiarla. Cuando surge esa necesidad —de comprender una realidad opresiva para transformarla— es corriente elaborar, discutir, buscar o aceptar alguna teoría explícita que satisfaga esa necesidad.

Rosa dos Santos, una telefonista nacida en Recife (Brasil), en 1919, es uno de estos casos. Rosa fue jubilada en 1980 —a solicitud personal, con la esperanza de una vejez tranquila— después de trabajar 40 años en una empresa de Río de Janeiro. Al comienzo, la pensión le alcanzaba apretadamente —pero alcanzaba— para vivir una vida "normal," como dice ella, "sin pedirle limosna a nadie". Con el pasar de los años, para su desagradable sorpresa, la mensualidad le daba para pagar cada vez menos cosas: en 1991 tuvo que empezar a trabajar en la calle, de vendedora ambulante. Pocos meses antes, avergonzada, le había pedido a un hijo suyo, casado, que la dejara vivir con él, pues le resultaba imposible pagar alquiler. En poco tiempo, la dependencia, la inseguridad y la vergüenza se apoderaron de ella.

En esa situación —mientras vendía joyas de fantasía en una calle de Río— se topó un día con una manifestación de jubilados pidiendo "aumento del 147% contra la inflación". Rosa cerró su negocito y se incorporó a la manifestación. Luego asistió a una reunión de jubilados promovida por un partido de oposición y, a partir de ese día, su vida cambió bastante. Empezó a leer más a fondo los periódicos, a asistir a reuniones y manifestaciones, y a conversar de política y economía con otros jubilados —a menudo tratando de convencerlos de que leyeran, se reunieran y protestaran. Su vida adquirió un nuevo sentido: se volvió mucho más activa y optimista pese a que "su economía no mejoraba" en nada. En medio de todo este proceso, Rosa se convenció de dos cosas: primero, la corrupción administrativa en las altas esferas del gobierno es la causa de que no haya dinero para mejorarle la pensión a los jubilados; segundo, la única manera de solucionar esa situación era o votar por civiles honestos en las próximas elecciones ... o esperar que militares honrados diesen, por fin, un golpe contra esta democracia corrompida.

Para superar circunstancias opresivas hacen falta —para llamarlas de algún modo— "teorías de la opresión y de la liberación": ideas más o menos claras que nos expliquen por qué las cosas andan mal y cómo es factible salir del aprieto en el que estamos metidos. Y hace falta gente que comparta esas teorías.

Por una parte, tal tipo de teorías hace falta para brindarnos la sensación sicológica de que —pese a nuestros fracasos, aislamiento y debilidad— sí hay salida. Es decir, tales teorías hacen falta, por lo muy menos, para sobrevivir a las dificultades, mantener un cierto sentido de la vida, no desesperarnos ni perder la razón. Hacen falta esas teorías, de alguna manera, para no sucumbir totalmente a la opresión y mantener viva la esperanza.

Sin esa esperanza, muy pocas personas podrían continuar la lucha por su sobrevivencia y la de sus seres queridos. Aun más: sin esa esperanza, difícilmente alguien haría esfuerzos por lograr cambios y mejoras en su vida personal o en la de su comunidad. Los Alcohólicos Anónimos, las iglesias pentecostales y grupos radicales como Sendero Luminoso —cada uno a su manera bien distinta y específica— pueden ilustrar el papel esperanzador que cumplen diversas "teorías de la opresión y de la liberación".

Pero, por otra parte, "teorías de la opresión y de la liberación" son también necesarias para alentar, sustentar e impulsar esfuerzos prácticos que intenten superar —de hecho— condiciones opresivas. Las luchas y victorias latinoamericanas por la independencia, la democracia, el voto para las mujeres o la reforma agraria fueron posibles —precisamente y entre otros factores— gracias a ideas y teorías nacionalistas, independentistas, liberales, democráticas, socialistas, sufragistas, etc.

Muchas de esas teorías lograron expresar —en un lenguaje claro y común— el malestar y las expectativas de grandes sectores de la población. De ese modo, tales teorías estimularon la comunicación, la confirmación recíproca, la aglutinación y la movilización de mucha gente. A través de alguna o varias de esas teorías la gente descubría intereses comunes, explicaciones y culpables de la opresión, razones y caminos para rebelarse, aliados y esperanzas para la victoria.

Ahora bien, la misma capacidad de una teoría para explicar la opresión y brindar aliento a luchas de liberación —como pasó en muchos países de Europa oriental con el marxismo— puede fácilmente tornarse en un "cuchillo de doble filo". Veamos cómo.

Compartir con otras personas una teoría es vivir, constantemente, un proceso de confirmación recíproca ("¡tienes razón!", "¡qué bueno encontrar alguien que piense como yo!", "¡ahora sí entiendo lo que está pasando!). Eso es aun más así en minorías marginadas o perseguidas, y que, por lo mismo, tienden a ser mucho más "cerradas" ("cerradas" en que se abren poco a otras visiones de la vida que la suya, y también "cerradas" en que tienden a desarrollar una cohesión interna muy fuerte, con poca apertura a las relaciones con gente diferente).

En pocas palabras: una teoría explícita que alimenta las

esperanzas y el sentido de la vida de gente oprimida —cuando es compartida larga y fuertemente dentro de un grupo— tiende a ser tomada no ya como una teoría, sino como "la realidad real". En tal situación, el grupo que comparte esa teoría elabora constantemente "confirmaciones" de la misma —tanto en las victorias como en las derrotas— y rechaza casi cualquier intento de criticar o transformar su teoría. Cuando nos identificamos profundamente con una cierta visión de la realidad, nos resistimos a abrirla, enriquecerla, transformarla o sustituirla ... aun cuando la experiencia y la opinión "exteriores" nos sugieran la necesidad de revisar nuestras teorías. Es más (y peor): como observamos toda realidad *a través* de la teoría que compartimos, entonces, cualquier experiencia u opinión contraria a nuestra teoría la interpretaremos *a través* de la misma ... ¡y hasta la veremos como una *confirmación* más de nuestro modo de ver las cosas!

En la izquierda, por supuesto, se dan cosas parecidas. Muchos grupos marxistas latinoamericanos partidarios de la lucha armada ven en todo derrocamiento de una democracia, una prueba de que el poder no se puede conquistar pacíficamente; en las victorias democráticas, confirmaciones de que la democracia sólo le sirve a la burguesía; en las derrotas de la lucha armada, retrocesos momentáneos en el único camino para el triunfo popular; y en toda crítica a esa visión tan cerrada, una traición. Como se dice en mi país: "Si no te pela el chingo, te pela el sin nariz".

También entre las élites capitalistas se pueden apreciar dinámicas análogas. Los neoliberales de todas las Américas están convencidos de que sólo la privatización de todas las empresas puede estimular una prosperidad económica que logre acabar con la miseria. Como ejemplos, citaban antes a los "tigres asiáticos" (Singapur, Corea del Sur, Indonesia, Taiwán): países supuestamente con menos recursos y mayor pobreza que los nuestros, que se dice lograron "modernizarse" y acabar con la pobreza en muy pocos años, gracias a la "privatización". Cuando se les argumenta que esos tres países construyeron ese "desarrollo" bajo dictadura militar, con innumerables víctimas, algunos reconocen que es cierto, pero que es que "primero abrieron la economía, para después decidirse por la democracia política" ([1]). Si se les señala que en Taiwán las cuatro mayores empresas —siderúrgica, petroquímica, naviera y metalmecánica— son estatales, y que la burocracia estatal es enorme en varios de esos países, desprecian o desconfían de tales datos. Al apuntárseles que Cuba logró sin privatización satisfacer las necesidades básicas de la población, reaccionan condenando la existencia allí ¡de una dictadura militar! Ahora que los "tigres asiáticos" entran en una crisis parecida a la latinoamericana de los ochenta, los neoliberales callan, o arguyen que es apenas un período accidental y pasajero. De nuevo: no hay modo ni manera de "abrir" una teoría tan "cerrada" de la realidad.

Para algunos grupos religiosos exitosos entre sectores muy pobres, la "crisis mundial" y todos los sufrimientos actuales son resultado (es decir, efecto y castigo) de nuestros pecados individuales y anuncio del juicio final. Sólo se salvarán quienes se unan a uno de esos grupos, acepten su mensaje y vivan según sus reglas. Si, en uno de sus ritos de sanación, una persona es curada, ello confirma fuertemente el carácter sagrado del grupo y de su visión de la realidad. Si, por el contrario, una persona no es físicamente curada de una dolencia, ello será interpretado como curación espiritual, presencia demoníaca, castigo o primer paso hacia la verdadera sanación divina. Si muchas personas se incorporan al grupo, ello confirmará al resto en su compromiso. En el caso de que varias abandonen el culto, ello podrá ser visto como influjo de Satán. Difícilmente se admitirá la necesidad de ver las cosas de otro modo. Un caso extremo fue el del grupo religioso estadounidense llevado por James Jones a Guyana, que optó por un suicidio colectivo antes que cambiar sus vidas y creencias.

Es claro que no es fácil —menos aun entre miseria y persecución— ver nuestras teorías apenas como mapas provisionales de una porción de la realidad: mapas que sólo valen la pena mientras la realidad no cambie mucho y mientras no dispongamos de mapas mejores para orientarnos hacia las metas que nos interesan. Pero si por ello nos resistimos a la crítica y transformación de nuestras "teorías de la opresión y de la liberación", estas teorías pueden dejar de ser herramientas para superar nuestras condiciones opresivas y convertirse en obstáculos reales a nuestra liberación.

¿Y quién es responsable de lo que nos agobia?

La sensación de opresión, de inseguridad, de injusticia —de miedo de perder seres queridos, afecto, propiedades, empleo, respeto, la propia vida, o el sentido de la misma— parecen reiteradamente llevarnos a buscar cuáles sean las causas de nuestros males ... con la esperanza, seguramente, de que esa sea la manera de empezar a librarnos de lo que nos atormenta.

La búsqueda de las raíces de nuestra miseria, inseguridad y sufrimiento puede ser llevada por muchas rutas diferentes. Una de esas sendas es la de hallar en uno mismo la causa de las propias aflicciones: a veces la ruta más "fácil" y autodestructiva para quienes fueron abusados en su infancia; pero a veces la más difícil para quien intuye su propia responsabilidad. Otra salida es ver en el propio dolor un merecido castigo —de Dios, la naturaleza, la suerte o las leyes económicas— por pecados, errores, faltas o defectos puramente personales (como a poca inteligencia, cobardía, pereza, inferioridad, no haber estudiado o trabajado duro, etc.).

Más allá de nuestra propia responsabilidad —pero

también más allá de nuestro alcance, de nuestra capacidad de cambiar las cosas— es común rastrear la procedencia de nuestros pesares hasta fuerzas incontrolables: el destino, el *karma*, los astros, la mala pata, "los tiempos", la crisis mundial ... pero también "la etapa histórica", la providencia divina, las leyes del mercado o la superioridad de los que tienen el poder en sus manos.

En fin, otro método para situar el origen de nuestros males es tratar de encontrar fuera de nosotros mismos —pero dentro de nuestra capacidad de influir la realidad— los factores que suscitan el sufrimiento del que nos sentimos víctimas inocentes. Aquí podríamos situar muchas explicaciones que definen, conciben, construyen un *otro*, un *enemigo* —personal o colectivo, pero humano y vulnerable— como principal causante de las propias calamidades ... y, por ende, como quien debe ser de algún modo vencido para que cesen nuestros padecimientos (la burguesía, los comunistas, el imperialismo, los inmigrantes, etc.)

Prácticamente todas estas formas de entender las raíces de la opresión y la miseria humanas pueden ser —y han sido— manejadas por élites poderosas para consolidar su propio dominio sobre otros sectores sociales, me parece. Sólo unas pocas de esas hipótesis, en cambio, han sido aptas para promover exitosos movimientos de liberación entre los oprimidos.

Una de las maneras de los oprimidos definir las causas de sus desdichas y penurias colectivas es, precisamente, ubicando y definiendo un *enemigo*. Así, las fuerzas patriotas de varias regiones de las Américas de los siglos dieciocho y diecinueve ubicaron en los imperios europeos (Inglaterra, Francia, España, Holanda, Portugal) al enemigo a derrotar, ¡y lo derrotaron! Es claro, pues, que hay casos en que definir un "ellos" y un "nosotros", unos "enemigos" y unos "aliados", puede servir para que los oprimidos logren conseguir sus intereses a pesar de fuertes obstáculos reales: como las guerras de independencia, las luchas democráticas contra los dictadores parecen ser de esos casos.

Sin embargo, una definición demasiado estricta de "enemigos" y de "aliados" puede fácilmente —sobre todo a largo plazo— llevar a confusión, nuevas injusticias y graves derrotas. ¿Por qué? Por una parte, los "enemigos" están vivos: pueden cambiar, tener conflictos internos, dividirse y debilitarse —a los ojos están los vertiginosos cambios de Gorbachev y otros "enemigos comunistas" de Occidente en Europa Oriental; pero también la conversión hecha por Bush de viejos amigos —como Noriega y Hussein— en archienemigos.

Por otro lado, "no están todos los que son ni son todos los que están", como reza el refrán. Es decir, no todas las personas que entran en nuestra definición de "enemigo" están exclusiva y totalmente en contra de nuestros intereses e ideales. Ni ninguno de los "nuestros" es siempre y sólo una persona santa e inocente, total y exclusivamente dedicada a "la causa", sin debilidades ni ambigüedades de ningún tipo (y parece que los poderosos conocen y aprovechan esa humana realidad con más eficacia que los oprimidos). Apuntar amenazadoramente "enemigos" a diestra y siniestra —y acoger como "aliados" sólo a quienes se sometan 100% a nuestras exigencias— puede conducir exactamente a lo que no deseamos: aumentar el número y la cohesión de nuestros "enemigos", reduciendo al mínimo nuestros "aliados".

Coincidencias y cooperación con "otros" sólo pueden lograrse con acercamiento y diálogo respetuoso, relativas concesiones, y la capacidad de enriquecer, flexibilizar y relativizar nuestra idea de quiénes son nuestros "enemigos" actuales y quiénes nuestros "aliados" potenciales (y en qué, por qué y hasta qué punto son "enemigos" los unos y pueden los otros ser nuestros "aliados").

Como podemos ver, en este campo, como en muchos otros (²), el *conocimiento* de la realidad se vuelve *parte* de la realidad misma y puede llegar a *modificar* lo conocido: al "conocer" a alguien como aliado —incluso alguien que se sienta como nuestro "enemigo"— eso influenciará nuestra conducta ante esa persona o agrupación. Esto, a su vez, condicionará la percepción que esa agrupación o persona tenga de nosotros. Y, de continuar así, esta dinámica puede llevar hasta a transformar al "enemigo potencial" en un "aliado real".

Por ello es que me gusta hablar, por ejemplo, de *construir* la realidad, para referirme al proceso de *conocer* lo real: primero, porque cuando conocemos —al igual que al hacer un mapa— estamos ya de algún modo modificando e inventando la realidad (eliminando, seleccionando, jerarquizando, completando, etc.). Además, porque una vez construida una cierta imagen clara y fija de la realidad —un cierto "mapa", un "conocimiento" de lo real— esa misma visión contribuirá a que rehagamos lo real a través de nuestra acción (acción orientada por aquel "mapa" de lo real).

Esto es parte de lo que quiero sugerir en cuanto al conocimiento de las raíces de nuestras opresiones: quizá sea con frecuencia inevitable construir un "enemigo" para entender la opresión y luchar exitosamente contra ella. Quizá. No estoy muy seguro. De lo que sí me siento seguro, en cambio, es de que ningún concepto de "enemigo" o de "aliado" agota la realidad de los conflictos sociales: todo "aliado" —como todo "enemigo"— es una realidad infinitamente más variada, cambiante, rica y compleja que cualquier concepto o teoría al respecto.

Por lo mismo, si lo que de verdad nos interesa —mucho más que construir teorías perfectas, tener la razón o ganar discusiones— es *contribuir a superar relaciones de opresión*, yo sugeriría, entonces, revisar crítica y constantemente los conceptos y las teorías conque queremos conocer las raíces y salidas de esas relaciones de opresión. En particular, yo propondría revisar críticamente toda idea que reduzca los "enemigos" a una realidad fija y totalmente externa a "nosotros" —así como toda teoría que idealice al "nosotros" y construya los "aliados" de una manera estática e idealizada. Tales ideas y teorías, me parece, pueden contribuir mucho más a la consolidación de nuestras opresiones —y a la creación de nuevas injusticias— que a salir de los atolladeros en los que nos encontramos en este final de milenio.

El conocimiento ¿no es cosa de intelectuales?

Cuando escribía la primera versión de este libro, leí en el periódico que la quinina —base de los pocos remedios eficaces contra la malaria o paludismo— "es conocida por los europeos desde 1630, cuando los indios de América del Sur —autores de la investigación original— enseñaron a misioneros jesuitas que la sustancia curaba fiebres" ([3]). Ante ese comentario, me temo que mucha gente diría —como Manolo de Maximina— "¡¿Qué van a saber unos indios de medicina?!"

Uno de los problemas del conocimiento humano es que, con demasiada frecuencia, despreciamos nuestra propia capacidad —y la de otras personas y comunidades— de participar activa y creativamente en las actividades intelectuales: es decir, en las tareas de construcción, crítica y transformación del conocimiento. Habitualmente, pensamos que son sólo expertos, científicos, intelectuales y otros profesionales, quienes de verdad *conocen* —o que son, al menos, quienes saben lo que es en verdad importante.

Dicho de otro modo: hoy día, comúnmente, renunciamos a la responsabilidad de conocer y entregamos esa responsabilidad en manos de "expertos". Delegamos en los especialistas el poder de decidir qué es lo cierto, lo seguro, lo verdadero, lo que hay que hacer. Aceptamos que los profesionales —políticos, ingenieros, médicos, teólogos— sean remunerados muy por encima del común de los mortales (no sólo en dinero, sino también en prestigio, poder, estabilidad, seguridad, etc.) por asumir esa responsabilidad. Incluso, participamos —constante e inconscientemente— en campañas para mantener a los "no-profesionales" fuera de los terrenos del saber (por ejemplo, repitiendo cosas como "¡¿Qué van a saber unos indios de medicina?!"). ¿Por qué será que hacemos todo eso?

En parte, claro, es por pereza: más fácil es que otros decidan qué es lo que hay que creer y hacer. Total: si se equivocan, ya tenemos a quien culpar ... y si dan en lo cierto, nos beneficiamos todos. En parte, también, porque "así piensa todo el mundo", y parece mejor evitarse los innumerables riesgos de nadar contra la corriente ("¿Dónde va Vicente? —¡Donde va la gente!").

Pero hay otras razones de esa "entrega del conocimiento" a los profesionales que, me parece, son propias de sociedades donde el poder está concentrado en pocas manos.

Hace unos pocos años, Pablo Richard me contó una experiencia suya en una congregación popular. Tenían una noche estudio bíblico. Después de leído un pasaje de los evangelios, Pablo le pidió a la gente que compartieran sus opiniones sobre el texto. Una por una, todas las personas fueron entrando en una animada conversación sobre el pasaje bíblico —excepto por un señor, ya mayor, que estaba sentado bien atrás de todos, callado y con la cabeza gacha. Queriendo escuchar su opinión, Pablo le pidió que participara. Varias de las personas en la reunión se voltearon y le insistieron que expresara su punto de vista. El anciano se cubrió la cara y comenzó a sollozar. Pablo, pensando que lo habían ofendido o molestado sin querer, se acercó a pedirle disculpas y ver en qué podían ayudarlo. "No, padre", le dijo el anciano, "lo que pasa es que es la primera vez en mi vida que alguien me pide mi opinión acerca de algo importante".

Para participar de manera abierta, activa y creadora en la responsabilidad colectiva de construir, criticar y transformar nuestro conocimiento hacen falta varias cosas: tiempo, energía física, espacios apropiados (como una casa o un patio tranquilos, un aula, un templo, un cine), práctica habitual (de la expresión oral, la lectura o la escritura, por ejemplo), quizá algunos medios materiales (lápiz, papel, cámara, computador o guitarra, según nuestras posibilidades, capacidades e inclinaciones) y, sin duda, reconocimiento colectivo al igual que su consecuencia: una buena dosis de autoconfianza, de autoestima, de fe en uno mismo.

Ahora bien: la mayoría de la gente en las Américas, enfrenta frecuentemente escasez de esos recursos. Es decir, la mayoría de nuestra gente soporta duros obstáculos para desarrollar su potencial intelectual, su capacidad de contribuir a la construcción del conocimiento. Y, a pesar de eso, muchísima de nuestra gente ejerce esa capacidad ... aunque sólo sea en el pequeño círculo de algunos pocos familiares y vecinos o, más reducido aun, en su propio espíritu, calladamente.

Sea como fuere, la mayoría de la gente —si no toda— tenemos necesidades (educativas, recreacionales, sicológicas, laborales, habitacionales, sanitarias, religiosas, comunicacionales, etc.) que exigen *producción intelectual*, trabajo creativo de elaboración, crítica y transformación de *conocimientos*. ¿Qué acontece entonces cuando quienes viven esas *necesidades* carecen de recursos para satisfacerlas mediante sus propias *capacidades*?

Me parece que lo que pasa es que la mayoría de nuestra gente se ve constantemente forzada —para satisfacer sus propias necesidades intelectuales y profesionales— a recurrir a quienes sí han tenido tiempo, energía, espacio, práctica, recursos, reconocimiento y autoestima ¡para llegar a ser "expertos", "intelectuales" o "profesionales" reconocidos y seguros de sí mismos!

Esto no sería problema si la élite intelectual y profesional tuviera, siempre, intereses coincidentes, complementarios o, por lo menos, compatibles con la mayoría de los trabajadores "no-profesionales" y sus familias. Pero eso es raramente así: todos sabemos que, con frecuencia, los hábitos de dinero, poder, fama y otros privilegios llevan a muchos profesionales —ingenieros, médicos, abogados, pastores, economistas, escritores, políticos, etc.— a percibir, presentar y manejar la realidad en función de sus propios intereses, *contra* las aspiraciones de sus clientes, público, lectores, pacientes, etc. (⁴).

Además, así como las fábricas de diferentes marcas de cigarrillos compiten entre sí para convencernos, cada una, de que su producto es "el mejor", así también las diferentes profesiones (y los diferentes "expertos") compiten entre sí para tratar de vendernos sus propias ideas y "servicios". Trágicamente, al igual que a las fábricas de cigarrillos les importa un bledo la salud del público, a buena parte de nuestros "expertos" tampoco les importa mucho lo que nos pase a sus clientes, pacientes, etc.: lo que les interesa es la ganancia, la ventaja, el beneficio que ellos puedan obtener de nuestras necesidades y dificultades.

E insisto: no es asunto de bondad o maldad personal. No: es cuestión de cómo funciona el sistema profesional en nuestras sociedades urbanas occidentales de la actualidad. Profesional que funcione con otra "lógica" tiende a perder el respeto y la autorización de sus colegas ... ¡y a veces hasta de su público!

Parte del problema es que, entonces, al entregar nuestro poder intelectual a los "expertos", estamos constantemente alimentando el riesgo de que ese poder sea usado contra nuestros intereses —por ejemplo— para provecho privado de los "expertos".

Pero otra parte del problema —quizá más relevante para el tema de estas reflexiones— es que la construcción, crítica y transformación de nuestras visiones del mundo, de nuestros *conocimientos* de la realidad, son hechas sin nuestro control ni participación. Es más, lo que generalmente aceptamos como "conocimiento" —y que a menudo rige nuestras creencias, estudios, trabajo, alimentación y salud— ha sido elaborado por gente que no conoce ni comparte (y a menudo ni respeta) las condiciones de vida de la mayor parte de la población. Para decirlo simplistamente: las cabezas que piensan por nosotros —independientemente de sus intenciones— parten de perspectivas e intereses que raramente son los nuestros, los de la mayoría de la gente.

En los movimientos y esfuerzos por la transformación de la vida en comunidad surgen, además, nuevas necesidades intelectuales. Por ejemplo, entender en qué y por qué la sociedad actual debe y puede ser transformada; definir en qué aspectos habría que profundizar las tradiciones y en cuáles otros ir más allá de éstas; desarrollar símbolos, ritos y otras expresiones culturales para manifestar y consolidar las expectativas de una vida mejor.

Tales necesidades exigen *trabajo intelectual*: investigar, comparar, imaginar, crear, organizar, escribir, comunicar. Y como tampoco en esos movimientos toda la gente desarrolla sus capacidades e inclinaciones, allí también hacen falta entonces, a menudo, *intelectuales*: personas y agrupaciones experimentadas, inclinadas y dedicadas al trabajo de construir, criticar y transformar los conocimientos de la comunidad. Gente que recoja, articule y comunique visiones de la realidad que contribuyan a la realización de las necesidades y esperanzas de los oprimidos.

Claro que, al surgir intelectuales en medio de estos

movimientos, surgen todas las ambigüedades mencionadas más arriba. La posibilidad de utilizar la propia capacidad y producción intelectual para compensar carencias económicas, afectivas o de poder es una tentación permanente. Convertirse en el "doctorcito" de la comunidad. Exigir privilegios inaccesibles para la mayoría. Rehusar la crítica fraternal. Aislarse y ponerse por encima de los demás. Usar la presión y las organizaciones populares para intereses puramente individuales. Esas son varias de las tentaciones permanentes de cualquier intelectual —compositor, escritor, cantante, médico, periodista, abogado, contabilista— que intenta o dice poner sus capacidades al servicio de movimientos de liberación de los oprimidos.

Pero no hay que asustarse: todo remedio, mal tomado, puede agregar daños a lo que se buscaba curar ... y así acontece también con intelectuales y trabajo intelectual. La cosa quizá está en "administrar la medicina con cuidado", evaluando periódicamente, en comunidad dialogal, los efectos ... a ver si son realmente los que se desean, y si no, a ver qué se hace entonces.

Contexto práctico y conocimiento teórico

¿Cómo sabemos si un conocimiento es o no "verdadero"? ¿Y qué significa, en realidad, eso de conocimiento "verdadero"? He allí uno de los más viejos problemas del conocimiento humano (al cual no pretendo darle respuesta —y mucho menos "solución definitiva"— en estas reflexiones).

Con frecuencia, los filósofos tienden a "resolver" el problema como si la "verdad" o la "falsedad" fueran características de "puras ideas" expresadas en palabras, separando así el conocimiento de la actividad en la cual tal conocimiento fue engendrado. Así, por ejemplo, discutirán si es verdadera o no la idea de que "la humanidad progresa constantemente"; pero raramente se interrogarán "¿Verdadera en qué sentido?, ¿hasta qué punto?, ¿desde cuándo?, ¿dónde surgió esa idea?, ¿con qué consecuencias?, ¿para quiénes?".

Incluso muchos filósofos preocupados por referir toda "verdad" a la experiencia material, a veces piensan esa experiencia como si fuera una y la misma para todos y cualesquiera seres humanos —de cualquier género, edad, cultura, condición física, social, económica, política o religiosa— y sin preguntarse nada acerca de la experiencia misma que llevó a producir ciertos conocimientos.

Quizá antes de hacernos aquellas primeras preguntas —¿cómo sabemos si un conocimiento es o no "verdadero"? ¿y qué significa, en realidad, eso de conocimiento "verdadero"?— podríamos entonces plantearnos otro tipo de interrogantes y preocupaciones. Por ejemplo ¿Por qué reducir el conocimiento a frases e ideas separadas del contexto humano real y concreto donde ese conocimiento se produce y "funciona"? Quizá tenga más sentido recordar que todo conocimiento es *parte de un proceso social*, de la dinámica de una colectividad humana concreta.

En esa perspectiva, el asunto no es ya tanto ni principalmente el de una "verdad" abstracta, en el vacío, separada de la dinámica humana real donde se intenta producir conocimientos del propio entorno. No: aquí el asunto es más bien tratar de entender cuál es el sentido, el significado que tiene ese intento por conocer la realidad en la comunidad donde se realiza ese esfuerzo. ¿Qué cambios reales introduce ese nuevo conocimiento en relación con otras maneras anteriores de ver la realidad? ¿Adónde parece llevar el ver la realidad de esa manera? ¿Hasta qué punto tales conocimientos contribuyen a que sus sujetos alcancen lo que buscaban con ellos? ¿Qué consecuencias —previstas o no, gratas o indeseables, destructivas para otros, irreversibles o no— resultan aparentemente de tales conocimientos?

En este sentido, la cosa ya no es tan esquemática y abstracta como determinar la verdad o falsedad "en general" de un conocimiento. Ahora estamos ante el problema real, práctico de dónde, cómo y para qué surge nuestro conocimiento; cara a cara frente al reto de enfrentar responsablemente las consecuencias prácticas de nuestro modo de percibir la realidad; ante el desafío de evaluar hasta qué punto nuestro conocimiento nos facilita o dificulta lograr lo que buscábamos al intentar conocer la realidad.

Claro que esta otra perspectiva —como cualquiera— puede ser simplificada, caricaturizada y ridiculizada, menospreciando lo que pueda tener de fértil. Personalmente, me parece que —de hecho, con frecuencia y con razón— los seres humanos sí le damos enorme importancia a las consecuencias prácticas del conocimiento como uno, al menos, de los criterios para distinguir lo "verdadero" y lo "falso". Creo interesante pensar un rato sobre eso (⁵).

La vida, la alegría, la esperanza, el temor, el dolor y la muerte son parte central de la existencia humana. Ellas tienen que ver con la vida práctica, cotidiana —y con las metas, logros, esfuerzos, decepciones y fracasos que marcan esa vida práctica cotidiana. El conocimiento no es una realidad ajena a esas preocupaciones concretas, prácticas, de la vida real. Al contrario: yo sugeriría que el esfuerzo por conocer la realidad está entretejido con los afanes vitales de la vida diaria, influyendo y siendo influido por esos afanes.

La economista que es promovida en su trabajo por haber contribuido a aumentar las ganancias de la empresa, sentirá que su manera de ver la economía es "correcta" —y que quienes le decían lo contrario estaban equivocados. El médico y padre de familia que ve fracasar todos los esfuerzos suyos y de sus colegas por diagnosticar y curar a su hija enferma, puede empezar a dudar seriamente de la validez de sus conocimientos —más aun si a la hija se la salva un "curandero". La estudiante de ingeniería que logra construir un motor más eficiente aplicando ciertas teorías de la física, verá confirmada su confianza en tales teorías. El pastor de una iglesia, al descubrir que los líderes de la misma viven vidas de farra y derroche con el dinero que recogen predicando lo contrario, puede tener una crisis de fe y hasta abandonar su religión definitivamente.

Es decir: nos guste o no, una de las maneras como juzgamos la validez de una teoría, doctrina o punto de vista es por sus consecuencias prácticas, por sus frutos. Y eso acontece desde la cocina hasta la física nuclear, pasando por la teología, la política y la bacteriología. Es más: frecuentemente llegamos incluso a condenar, rechazar o ironizar una manera de pensar —sin conocerla bien y sin siquiera estudiarla mínimamente— porque, *en la práctica*, repetidamente, los partidarios de esa visión se comportan de una manera que nos parece contraria a nuestros objetivos, valores o expectativas.

Y, creo, es natural que así sea: queremos vivir una buena vida como hemos sido enseñados a concebirla, y tendemos a rechazar —incluso sin examen— cualquier idea o doctrina que parezca amenazar la posibilidad de vivir como queremos. Así, llamamos a menudo "verdadero" lo que nos parece contribuir a lograr nuestros propósitos ... y "falso" lo que luce, al contrario, como impedimento frustrante de nuestros esfuerzos y necesidades.

Claro que, desafortunadamente, eso hace que a veces perdamos una buena oportunidad de entrar en contacto con maneras de ver la vida —y con personas— sumamente desafiantes, innovadoras e interesantes. Y, peor: eso nos puede llevar a despreciar, marginar, excluir o perseguir —a veces hasta la eliminación— a seres humanos cuyo único "defecto" es ser distintos, pensar diferente y vivir de otra manera que la "nuestra".

En cualquier caso, lo que quiero sugerir aquí es que hay

una relación importante y complicada entre lo que llamamos "conocimiento" (o conocimiento "verdadero" o "válido") y la experiencia práctica del *poder* que ese conocimiento parece proporcionarnos. En otras palabras: cuando experimentamos que un conocimiento nos da una mayor capacidad de lograr lo que queremos, tendemos a reconocerle a tal conocimiento "mayor verdad", "más validez" que a los conocimientos que no afectan —o que afectan negativamente— nuestro *poder* de alcanzar nuestras metas.

La situación de los grupos sociales más oprimidos —aquéllos que se hallan cotidianamente conviviendo con la muerte prematura de sus seres queridos y con su propia vida constantemente en peligro— plantea esa relación entre conocimiento y poder de una manera, quizá, más grave y problemática que en otros grupos. La meta práctica, muy concreta, de sobrevivir materialmente, no puede ser menospreciada por los grupos más oprimidos a la hora de discernir qué es lo más cierto y qué parece, al contrario, falso. Pero esa definición de lo cierto y lo falso en función de la vida de los oprimidos entra ineludiblemente en conflicto con los conocimientos construidos desde la perspectiva de los poderosos.

Veamos, por ejemplo, la teoría económica neoliberal . según la cual la intervención del Estado en la economía para impedir el crecimiento del desempleo y el deterioro de los salarios es una aberración que debe evitarse a toda costa (pues, según se argumenta, produce peores males que los que quiere corregir). Tal teoría, desde la perspectiva de quienes no sufren hambre ni falta de hogar, puede lucir como obviamente correcta (después de todo, para quien tiene suficiente ingreso, el desempleo y el hambre de unos cuantos desconocidos es un mal mucho menor que la reducción de sus propias ganancias anuales). Sin embargo, desde el punto de vista de quien padece salarios escasos e inestabilidad laboral, tal teoría puede fácilmente ser evaluada como falsa: después de todo, su aplicación aumentará los riesgos de muerte para esa persona, sus familiares, amistades, colegas y vecindario.

Por otra parte, sometidos a intereses de minorías poderosas, los más débiles pueden acabar aceptando como verdadero lo que les viene impuesto por los más fuertes —lo que, con frecuencia, es beneficioso para los poderosos pero no para los más vulnerables.

Así por ejemplo, las compañías que producen deshechos nocivos (tóxicos, radioactivos, etc.) buscan sistemáticamente comunidades indigentes para ofrecerles dinero y empleos a cambio de terrenos para sepultar esa basura contaminante. En esa búsqueda, tanto las compañías como las comunidades pobres pueden producir e interpretar toda la información a su alcance en el sentido —por ejemplo— de que "bien manipulados y enterrados, esos deshechos no representan peligro alguno para la salud humana". En sentidos muy distintos, ambas partes pueden tener un claro interés práctico en ver como cierta esa opinión. A largo plazo, empero, quizá no sólo los más débiles —sino también los más poderosos o sus descendientes— pueden convertirse en víctimas de haber aceptado como "verdadero" lo que parecía prometer beneficios prácticos a corto plazo.

Yo quisiera sugerir, primero, que es tramposo plantear una discusión sobre el conocimiento —y sobre los criterios de verdad del conocimiento— como si conocer fuese una actividad puramente intelectual, teórica, contemplativa, sin ninguna relación con la práctica, con el contexto y con las metas e intereses concretos de quienes tratan de conocer la realidad que los rodea. Esa manera abstracta de ver el conocimiento —por lo general— es propia de intelectuales que sienten resueltas sus preocupaciones materiales más básicas ... y, en el fondo, ignoran o desprecian a quienes dedican la mayor parte de su vigilia a tratar de resolver urgencias prácticas de la vida cotidiana.

Pero quisiera agregar, en segundo término, que reducir el problema de la verdad a una mera relación del conocimiento con el éxito práctico inmediato es igualmente tramposo y perezoso: es olvidar, entre otras cosas, que todo "éxito" es parcial y provisional; que toda "victoria" esconde un inevitable potencial de retroceso y de fracaso ... y que el esfuerzo de conocer —para poderle servir a la búsqueda de la buena vida— tiene que ir más allá, sin abandonarla, de la grave y central preocupación por el triunfo de nuestros afanes cotidianos.

Ampliar nuestros criterios de verdad

En las discusiones de los filósofos, muchas otras son las cosas que han sido consideradas —además del éxito— como criterios para distinguir el conocimiento verdadero del que no lo es. Pero mi impresión es que son muchos mis colegas filósofos demasiado obsesionados con encontrar *un solo* criterio de verdad y, además, con ver la verdad como algo predominantemente *intelectual y estático*.

Permítanme, entonces, expresar al respecto un par de "groserías" y un par de consecuencias de las mismas. Primera grosería: hasta ahora —y quizá eso sea muy bueno— *nadie* ha logrado resolver el asunto de qué es "conocimiento verdadero", ni de cómo reconocerlo, de una manera que sea realmente clara y satisfactoria para todo el mundo, y, ni siquiera, para la mayoría de los especialistas en "teoría del conocimiento". Segunda grosería: si eso del "conocimiento verdadero" es un tema que toca hondamente nuestro interés de vivir —y de vivir una buena vida— no podemos dejarle la solución del mismo a un puñado de especialistas que, además, viven una vida muy lejana y distinta de la mayoría de la gente. Consecuencias: primera, no hay que tener ninguna vergüenza —aun si no somos "expertos"— en entrometernos en serio y a menudo en esta discusión sobre qué es eso de "conocimiento" y "verdad"; segunda, no hay que dejarse llevar arrogantemente por la osadía de "encontrar la solución definitiva", sino mantener la humilde disponibilidad de criticar y transformar en comunidad nuestras "soluciones" (a partir del contacto con otras perspectivas —de "expertos" o no— y de nuestra experiencia, investigaciones e imaginación creadora).

Dicho esto, quisiera ahora cerrar esta parte de mis reflexiones proponiendo algunas ideas para repensar el tema de los famosos "criterios de verdad". Para decirlo de otro modo, quisiera sugerir algunas maneras que me parecen provocativas para pensar sobre este asunto de qué es un "conocimiento verdadero" y de cómo podemos reconocerlo y distinguirlo del "falso".

En primer lugar, volvería a algunas ideas que sugerí en la primera parte del libro, planteándolas ahora como preguntas: ¿No es cierto que lo que admitimos como "conocimiento verdadero" usualmente lo aceptamos porque "todo el mundo" parece hacerlo? ¿No es verdad que hay teorías que no criticamos —aunque sospechemos que son falsas— por temor al desprecio o a la persecución? ¿No nos pasa que reconocemos como verdadera una opinión porque es "de los expertos", o "de los que mandan", o —simplemente— porque sentimos que no sabemos nada del asunto y quien la expresa habla tan "en raro" que no nos atrevemos a discutirle? Si esos son —con frecuencia, de hecho, quizá inconscientemente— nuestros criterios de verdad, lo primero que yo plantearía, entonces, sería *reflexionar críticamente* sobre ellos.

Pero, asimismo, propondría *ampliar y multiplicar* nuestros criterios de verdad. Es decir, entre otras cosas, en lugar de reducir nuestro conocimiento a un solo modelo (el "científico", por ejemplo), reconocer y respetar muchas formas y caminos del conocer, varios tipos de "verdad", una pluralidad de maneras de entender, reconocer y conocer lo que es "verdadero"; hacernos capaces de apreciar —sin jerarquizar— las complejas diferencias y relaciones entre distintos "tipos" de conocimiento: empírico, moral, artístico, técnico, místico, lógico, amoroso, etc.

También apuntaría lo fértil que puede ser *flexibilizar y profundizar* nuestros criterios de verdad, hasta el punto de tornarnos capaces, por ejemplo, de ver lo verdadero en lo falso y viceversa; de captar cómo lo que desde una perspectiva es verdadero, puede ser falso desde otra; o cómo lo verdadero puede volverse falso y viceversa; o cómo verdadero y falso quizá no sean términos excluyentes ("o lo uno, o lo otro") sino rasgos que se dan entremezclados, con intensidades y proporciones variables; y cómo lo que queremos decir con "verdadero" y "falso" varía según muchísimos factores; o, también, cómo lo que queremos decir con "verdad" y "falsedad" tiene mucho que ver con lo que denominamos "bondad/maldad", "justicia/injusticia", "belleza/fealdad" ... es decir, tiene mucho que ver —aunque la relación sea muy complicada— con nuestros *valores*, con lo que juzgamos importante, con nuestro deseo de vivir ... y de vivir una buena vida, festejable y celebrada.

Así, por ejemplo, podríamos llegar a imaginar eso que denominamos "verdad" como una *tarea colectiva*: no como algo dado de una vez y para siempre, ni como algo meramente teórico o de la pura intimidad personal, sino como algo siempre por rehacerse y siempre relacionado con la vida humana en comunidad —con las tradiciones, los esfuerzos, las necesidades, los cambios y la creatividad de las sociedades humanas.

La verdad podría ser pensada, entre otras cosas, en relación con la *reapropiación colectiva* del conocimiento. Podríamos, por ejemplo, concebir que un conocimiento será tanto "más verdadero" cuanto más profunda y ampliamente haya sido asimilado por la comunidad humana, cuanto más dueña y señora de ese conocimiento sea la colectividad; y, al contrario, mientras más privado, secreto y elitesco sea un conocimiento, "menos verdadero" será entretanto. En ese sentido, por ejemplo, una misma teoría —sin cambiar ni una jota de sus palabras— podrá volverse "más verdadera" o "menos verdadera", según que sea reapropiada en mayor o en menor grado por la colectividad humana.

Asimismo, podríamos pensar en la *autonomía intelectual* como otro criterio de verdad: un conocimiento será entonces tanto "más verdadero" cuanto más estimule a pensar por su propia cuenta a las personas y comunidades que lo comparten, cuanto más las ayude a sentirse libres de espíritu frente a tal conocimiento, criticarlo, enriquecerlo y transformarlo creativamente.

Igualmente, la *consolidación de la buena vida compartida* podría ser estimada como uno de los más elevados criterios de verdad —más aun hoy, si reconocemos la profundidad de los desafíos del feminismo, indigenismo, ecologismo y pacifismo. En este sentido, un conocimiento será —de nuevo— tanto "más verdadero" cuanto más sea compatible con, vinculado a, e inspirador de esfuerzos por nutrir y consolidar la buena vida compartida en las comunidades humanas. Es decir, tanto más verdadero será cuanto más estimule, pues, la solidaridad; el respeto a la pluralidad, la diversidad y los derechos de las minorías; la participación democrática en las decisiones que afectan la existencia propia; el cuidado tierno de la vida en todas sus formas; el disfrute sensual de la vida común. Y, asimismo, tanto "más falso" será un conocimiento cuanto, cuando y donde promueva iniciativas que redunden sistemáticamente en el deterioro y la destrucción de la vida personal y colectiva: actitudes, conductas e instituciones autoritarias; racismo, machismo o cualquier otra forma de discriminación e irrespeto contra personas o grupos; explotación o abuso de unas personas por otras; resolución violenta de los desacuerdos y conflictos.

Dos objeciones, me parece, pueden elevarse contra esta propuesta de ampliar los criterios de verdad hasta el punto que he señalado —y voy a tomarme en serio ambas objeciones. Una es la de que en nuestras comunidades humanas actuales, donde hay conflictos tan profundos entre distintos grupos, lo que sería "más verdadero" para unos vendría a ser —al mismo tiempo— "menos verdadero" para otros. Yo sugeriría que algo de eso es cierto: y es parte de la tragedia de nuestras divisiones y conflictos sociales contemporáneos. Y diría que, precisamente, el sueño de gran parte de la humanidad de llegar a acuerdos mínimos que nos permitan una vida en paz y armonía *apunta hacia la idea de que nuestras verdades serían más verdaderas si fueran parte de un mundo distinto y mejor*: si esas verdades ayudasen a superar —en lugar de provocar, sostener, justificar y "perfeccionar"— las "artes" de la guerra, la dominación y la destrucción ecológica. O, dicho de otro modo, vivimos en un mundo tan contaminado de falsedad (es decir, de destrucción de lo genuinamente verdadero: la vida, la ternura, el disfrute solidario de la existencia), que nuestras pobres y humildes verdades sólo podrán ser "realmente verdaderas", sólo podrán llegar a probarse y mostrarse como verdaderas, si acaso contribuyen —y en la medida en que contribuyan— a transformar el mundo en un mundo verdadero (es decir, apto para acoger, estimular y nutrir la vida, la ternura y el disfrute solidario de la existencia).

Por eso, en parte, es que someto a discusión esta idea de ampliar los criterios de verdad en el sentido descrito. Porque mientras las cosas sigan como andan, me parece, lo que es designado como "verdadero" por quienes tienen mayor riqueza y poder —incluido poder sobre la información, la educación, la investigación y los medios de comunicación— seguirá siendo, con demasiada frecuencia, *suicidamente afirmado* como verdadero por gran parte de la humanidad. Otra objeción no menos importante podría sugerir que yo mezclo y confundo dos planos que deberían distinguirse y separarse: un plano "teórico-cognoscitivo" (al cual pertenecería toda la discusión sobre el conocimiento y los criterios de verdad), y un plano "práctico-ético" (en el que sí entraría toda la temática de lo que es bueno o malo para la vida y las comunidades humanas). Yo respondería a esta objeción en varias partes. Primero, creo que sí es importante *distinguir* (y no confundir) lo que *realmente* sucede (de lo cual podríamos tener o no conocimiento verdadero) y lo que *idealmente* debería ser o desearíamos que aconteciese. De hecho, ya apunté anteriormente el riesgo de que nuestròs valores e intereses nos hagan ver las cosas de manera equivocada. Sin embargo, creo igualmente interesante *relacionar (sin separar totalmente)* el estudio de lo que "realmente es" con la reflexión sobre lo que "idealmente debería ser", es decir, con los valores e intereses que —de hecho o de derecho— marcan y dan sentido a la vida humana toda (incluidos el conocimiento de la realidad y el concepto de verdad que tenemos). De hecho, yo insinuaría que una de las tragedias de la filosofía, la teología, la política y la ciencia modernas ha sido la separación demasiado radical del *problema del conocimiento y de la verdad* (la "epistemología") con respecto al *problema del bien y de la felicidad* (la ética). E iría más lejos, anotando que quizá esa separación sea síntoma y alimento, a la vez, de una de las "enfermedades de la modernidad": la de ser capaces de vivir según un conocimiento supuestamente verdadero ... ¡con total indiferencia hacia los estragos que nuestras vidas puedan traer para nosotros mismos, para otros seres humanos y para nuestro medio ambiente!

Verbigracia: en muchas facultades de medicina, derecho y economía, la "ética" se reduce —a lo sumo— a una materia separada de las otras (un par de horas por semana durante un solo semestre y ya). Así, médicos, abogados y economistas se acostumbran a lidiar el resto de sus carreras con asuntos de vida o muerte para otros seres humanos ... ¡como si las "verdades" ya estuviesen establecidas para siempre y no hubiese más necesidad de reflexionar a fondo sobre el carácter ético de las mismas!

Por ello, aun reconociendo la importancia de estas y otras objeciones, cerraría este punto planteando la necesidad de reflexionar y discutir más intensamente las conexiones entre nuestro deseo de conocimiento —y de conocimiento "verdadero"— y nuestro deseo de vivir —y de vivir una buena vida en comunidad, en paz y ternura ... sin violencia ni opresiones.

Una Síntesis Sencilla del Asunto

En esta parte, pues, hemos recorrido unos pocos aspectos de las relaciones entre conocimiento y poder —poniendo especial énfasis en las conexiones entre conocimiento, dominación y esfuerzos de liberación de los oprimidos.

Como vemos, la cosa es compleja. Tendemos a fijar nuestro conocimiento de la realidad en ideas simples y firmes, lo cual puede ayudarnos a comunicarlas y a movilizar gente en torno a ellas, pero a riesgo de que las élites reinterpreten esas ideas a su propio favor —o, simplemente, a riesgo de que, al cambiar la realidad, nos quedemos con una visión anacrónica de las cosas.

Necesitamos teorías para comprender e intentar transformar la realidad —desde la realidad de los átomos y las células hasta la de nuestras economías y religiones. Empero, es muy común que terminemos tomando estas teorías como si ellas fueran "la realidad real", rehusándonos a ver las cosas de ninguna otra manera —sobre todo si muchos comparten con nosotros tales teorías, y más aun si ese compartir ha estado imbuido de satisfacciones y logros.

El papel de las teorías en las luchas de los oprimidos —y los riesgos concomitantes— se puede apreciar en los procesos de "construcción de enemigos y de aliados". Allí, teoría y realidad se entretejen hasta casi confundirse una con otra.

En los movimientos colectivos de transformación de la sociedad emerge la necesidad de intelectuales: de agrupaciones y personas concentradas en la construcción, crítica y transformación del conocimiento. Sin su concurso, difícilmente pueden avanzar aquellos movimientos. La presencia de intelectuales, empero, está plagada de ambigüedades: desde la tendencia a que se les entregue todo poder sobre la información, comunicación, creación y transformación de conocimientos ... hasta la posibilidad de que usen ese poder en contra de los intereses de los grupos que se lo entregaron.

Por esas y muchas otras razones, los oprimidos tienen que colocar el éxito de sus propios esfuerzos liberadores como un importante criterio para discernir lo que ha de ser aceptado provisionalmente como conocimiento y aquello que, por el contrario, debe ser puesto en tela de juicio. Claro que todo éxito es apenas parcial y encierra una posibilidad constante de fracaso. De allí la necesidad de ir mucho más allá del simple éxito como criterio de verdad.

En fin, vimos que —dada la complejidad de la vida humana y la importancia del conocimiento para la misma— es interesante pensar en ampliar, multiplicar, profundizar y flexibilizar nuestros criterios de verdad. Es posible que el concepto de "verdad" que habitualmente tenemos —y su separación demasiado radical de la cuestión ética— sea una de las cosas que, en nuestro conocimiento, sea síntoma y factor de deterioro de la vida humana en condiciones de opresión.

Una vez más, yo sugeriría que la realidad —y el esfuerzo

por conocerla— es algo infinitamente más rico, variable y complejo que lo que a menudo creemos. Quizá por eso, también en esta parte, son muchos más los problemas levantados que los resueltos. Sigamos adelante.

CAPÍTULO CUATRO

¿Cómo Expresamos y Compartimos el Conocimiento?

Déjenme contarle dos anécdotas para introducir este punto.

Hasta los 70 gobernó en España, por cuatro décadas, un dictador militar cristiano, el general Francisco Franco ("Caudillo de España por la gracia de Dios", rezaba su título oficial).

A pesar del arraigado anticomunismo de su gobierno, era posible imprimir y vender, en los últimos años de su mando, algunos autores marxistas. No todos, pero casi todos los más difíciles de leer: Lukács, Kosik, Adorno, etc. Mas no a cualquier precio: el gobierno se arrogaba el derecho de fijar precios y era casi imposible encontrar libros marxistas baratos. Ni de cualquier tamaño: a menudo, los libros marxistas más breves estaban prohibidos o eran accesibles sólo como parte de gruesas y caras compilaciones. Así, escritos marxistas fáciles de leer (de Lenin, Engels, Gramsci o el propio Marx) no existían; o existían en forma accesible sólo para un restringido grupo de gente acomodada e intelectuales sofisticados.

De hecho, quien tuviese dificultades para leer castellano —recordemos que, en España, hay millones de hablantes de *otros* idiomas: catalán, vasco y gallego entre los principales—

sólo clandestinamente podía tener acceso a la literatura socialista. Franco —a pesar de ser gallego— dirigió una represión sistemática contra lenguas y culturas de la península ibérica diferentes de la castellana: no era, pues, posible, en Barcelona, publicar marxismo en catalán ... pero tampoco era admisible celebrar en Orense un servicio religioso en gallego, o festejar en Loyola un matrimonio con trajes y bailes tradicionales vascos, o contar cuentos en aragonés a los niños de una escuelita de Zaragoza.

Marta era compañera mía de secundaria en el Colegio "Leal" de Caracas. Una de las materias nos la daba un amable profesor ya mayor. Reiteradamente, el profesor corregía la manera de hablar y de escribir de Marta: "Eso no se escribe así, Marta", "ustedes siempre pronuncian mal la 'v', Marta", "¡qué mal hablan aquí el español, Marta!"

Un día en que Marta andaba muy acongojada porque había salido mal en varias materias, el profesor —que parecía andar de mal humor— volvió a corregirla en clase delante de todo el mundo: "Hija, ¡pronuncia las eses! ¡¿cuándo aprenderás a hablar tu propio idioma?!" Fue la gota de agua que colmó el vaso. Marta salió llorando de clase y se fue a su casa.

A los pocos días, muchos sentimos que el profesor había cambiado de actitud. Le preguntamos a Marta qué había pasado. "Hablé con mamá;" —nos dijo— "ella enseña lingüística en la universidad. Vino a conversar con el profe y le habló bien fuerte". "¿Qué le dijo?", preguntamos. "Casi nada," anunció ella, "que si acaso él no sabía que el castellano era apenas una de las lenguas españolas y era visto hasta hace pocos siglos como un latín mal hablado, propio de campesinos analfabetas ... y que así como en España habían revolucionado el latín, que nos dejara tranquilos a los venezolanos hacer lo mismo con ese dialecto ibérico suyo".

*

Casi todos los seres humanos nacemos escuchando y aprendiendo un idioma. Ese idioma se vuelve algo tan familiar —tan espontáneo, tan inconscientemente metido dentro de nuestro ser— que llegamos a asumirlo como si fuese una realidad natural y eterna. En general, por eso, poco reflexionamos acerca del lenguaje, su historia, su variedad, sus cambios y la importancia de todo esto. Y, excepto cuando hemos hecho el esfuerzo de conocer y entender a fondo una cultura diferente —con una lengua distinta— poco pensamos acerca de cómo cada idioma está ligado, también, a una manera peculiar de ver y de entender el mundo.

Una de las cosas que quiero subrayar aquí es, precisamente, la importancia del lenguaje en el conocimiento de la realidad. Y viceversa: la influencia de lo que conocemos sobre nuestra manera de hablar del mundo (con uno mismo y con los demás).

Claro que tan sólo de esta cuestión pueden escribirse —y se han escrito— volúmenes (como de cualquiera de las materias que hemos venido tratando hasta aquí). Yo sólo quisiera, de nuevo, tratar de una media docena de aspectos relativos a los vínculos entre lenguaje y conocimiento. Y quisiera insistir, una vez más, en ver este asunto en relación con varios de los problemas que nos afectan más gravemente, hoy, en las Américas.

Así, entonces, voy a comenzar tratando del lenguaje como instrumento de conocimiento de la realidad —enfatizando cómo el lenguaje, al mismo tiempo que abre posibilidades, marca límites, no sólo a nuestra capacidad de *conocer* la realidad sino, también, a nuestra habilidad de *actuar* en ella y de transformarla.

Luego echaré un vistazo a cómo los procesos de dominación social frecuentemente se acompañan de una especie de "política del lenguaje", política que apunta —precisamente— a controlar la capacidad colectiva de conocer y transformar la realidad.

Enseguida, compartiré algunas reflexiones sobre cómo el silencio —que parecería ausencia de lenguaje— puede tener significados sumamente distintos según las circunstancias. Éste es un punto que añadí a mi esquema inicial —como muchos otros— gracias a críticas y sugerencias de mis estudiantes de São Paulo.

Después, me referiré a los esfuerzos de "reapropiación creadora" del lenguaje por parte de los grupos oprimidos. En tales procesos es posible hallar, me parece, una de las múltiples maneras como se expresan y desarrollan luchas de liberación.

Ya casi para cerrar —y en estrecha relación con el punto anterior— voy a criticar dos polos entre los cuales vacilan, a menudo, muchos esfuerzos de liberación del lenguaje: "elitismo" y "populismo", para llamarlos de algún modo. Más allá de ese aparente dilema, insinuaré algunas alternativas factibles.

Finalmente, concluiré esta parte de mis reflexiones sobre el conocimiento meditando sobre otros importantes "lenguajes" diferentes de la prosa verbal —lenguaje corporal, símbolos religiosos, etc.— y su papel en relación con el conocimiento.

Algunas Dimensiones del Problema

El lenguaje: instrumento de construcción del mundo

Casi toda la gente sabe que Colón llegó a las Américas en 1492, que las pirámides de Egipto todavía existen y se hallan cerca de un desierto, que el agua sucia contiene organismos microscópicos que pueden ser dañinos para la salud humana y que torturar físicamente a un bebé es uno de los peores crímenes.

¿Cómo nos enteramos de lo que pasó antes de que naciéramos? ¿De qué modo llegamos a saber lo que acontece en lugares donde nunca hemos estado? ¿Qué investigación hemos realizado para informarnos de lo que no es perceptible por nuestros sentidos? ¿Cuál es el camino que recorrimos para llegar a conocer las normas, creencias, símbolos y ritos que reconocemos como válidos?

Quisiera sugerir que —como en aquéllos y muchos otros casos— quizá la mayor parte de lo que conocemos, lo conocemos *a través del lenguaje*. La mayoría de nuestros conocimientos no los hemos alcanzado por experiencia ni investigación propia y directa: los hemos adquirido, casi siempre, por *experiencia comunicada* (experiencia ajena e indirecta; experiencia de *otras* personas, que nos ha sido participada oralmente o por escrito).

Si la mayor parte de lo que conocemos nos ha sido transmitido, yo me atrevería a decir entonces, que, al menos en el mundo contemporáneo, el lenguaje no es sólo nuestra principal herramienta de *transmisión* de conocimientos: es, asimismo, nuestro primer instrumento *de conocimiento*. Conocemos el mundo, en primer lugar, a través de las palabras de los demás ... y, luego, a través de nuestras propias palabras: aquéllas con las cuales nos decimos a nosotros mismos lo que vemos, recordamos, sentimos, sospechamos, sabemos, deseamos y soñamos.

La sola experiencia —sin lenguaje para expresarse— se quedaría apenas a nivel de una "impresión personal", difícilmente comunicable, que todavía no sería *conocimiento propiamente dicho*. No quiero decir con esto que las "impresiones" sean algo "inferior" al conocimiento, ni que no pueda haber conocimiento basado, por ejemplo, en los sentimientos y las intuiciones. Nada de eso. Ciertamente, una enorme parte de lo que conocemos se fundamenta, al menos en parte, en nuestras emociones. Lo que deseo expresar es que eso que sentimos sólo logrará tornarse *conocimiento propiamente dicho* si, entre otras cosas, conseguimos expresarlo, de alguna manera, en palabras.

El lenguaje, pues, nos permite —o facilita— formular lo que intuimos, sospechamos, descubrimos o sabemos; nos hace posible relacionar eso con otras cosas y avanzar así más allá de lo ya sabido; nos capacita para reflexionar, difundir, confrontar y discutir nuestros conocimientos.

Al propio tiempo, de algún modo, el lenguaje específico del que disponemos *define posibilidades, tendencias y límites de nuestro conocimiento*. Hay, por ejemplo, lenguas —varios idiomas indígenas de África, Asia, América y el Pacífico— que no permiten hablar del individuo como alguien separado y distinto de su comunidad (no tienen términos equivalentes a "yo", "me", "mi", "conmigo", "mío", "mía", "míos" ni "mías"). Al ser así, esas lenguas compelen a las "personas" que no conocen otros idiomas a pensar y actuar como *miembros* de un todo mayor, teniendo siempre en cuenta al resto de su comunidad (¹).

Hay idiomas —en otras comunidades indígenas— que incluyen en su propia construcción gramatical al *sujeto del conocimiento* (indicando si lo que alguien afirma lo sabe por experiencia propia y directa, o si lo sabe por información de alguien que tuvo experiencia directa de los hechos narrados): en esos idiomas sólo es pensable, entonces, afirmar cosas que fueron vividas o por uno mismo o por alguien que uno conoce personalmente. Yo llamo a estas lenguas "idiomas responsables", porque en ellas siempre está claro cómo se sabe lo que se sabe ... a diferencia de nuestras lenguas modernas —que yo calificaría de "irresponsables"— en las que uno puede llegar a afirmar que "Dios existe", o que "la economía está atravesando una crisis apenas pasajera", sin tomarse la molestia de informar cómo llegó uno a saber cosas tan importantes.

Una vieja amiga, que trabajó como misionera en el Tibet durante varios años, me contaba cosas bien interesantes que ella aprendió sobre esto con los tibetanos. Para los tibetanos, "convertirse" a otra religión puede ser entendido como "ascender a un nivel superior", mas sin jamás abandonar la religión de la familia: "abandono de las tradiciones religiosas ancestrales" es para ellos algo criminal, pecaminoso. Por eso mismo, a los tibetanos le cuesta entender esa fea obsesión cristiana de empujarlos a pecar contra su comunidad y, sin embargo, muchos de ellos se convierten al cristianismo ... pero sin jamás renegar de su propia religión anterior. Para ellos, "alma" está íntimamente identificado con la idea de "siete" (las almas, pues, son siete en el Tibet); por ello, no pueden entender la idea occidental cristiana de "salvar el alma" (¿cuál de las siete?). La idea de "pecado", a su vez, está asociada a la ruptura de la armonía del cosmos y/o de la comunidad. Cuando los misioneros occidentales llegaron predicando cosas como que masturbarse es "pecado", la pregunta de la gente era en qué forma eso destruía la armonía cósmica o comunitaria ... ¡y los misioneros no lograban explicarlo satisfactoriamente!

Cada cultura —a través, entre otras cosas, de su idioma— mira, organiza, *construye* el mundo, la realidad, de un modo suyo y diferente al de cualquier otra cultura, cualquier otra lengua. Cada lenguaje define posibilidades, tendencias y límites *tanto de nuestro pensamiento como de nuestra acción*: nos hace o nos impide asociar ciertas cosas con otras (positiva o negativamente); nos empuja a imaginar, desear o rechazar ciertas cosas a partir de otras; nos confirma ciertos comportamientos como aconsejables, pero inhibe otros como riesgosos o intolerables.

De cierto modo, el lenguaje marca profundamente nuestras posibilidades y nuestras inclinaciones tanto de conocer como de actuar y de transformar la realidad.

Control del lenguaje y dominación

Esa importancia del lenguaje para conocer y transformar la realidad, tiene hondas consecuencias para las relaciones de poder entre personas y comunidades humanas. Cuando los europeos invadieron África y América en el siglo quince, dos lucrativas empresas florecieron entonces: las del comercio y la explotación de esclavos africanos. Varios millones de africanos —de centenares de culturas e idiomas diferentes— fueron traídos durante los cuatro siglos siguientes a nuestra América. Distintas "políticas lingüísticas" aparecieron entonces en nuestras tierras. Una fue muy común entre quienes poseían muchos esclavos —por ejemplo, para cultivar sus plantíos de caña, café o tabaco— y era la de comprar esclavos de *diferentes* idiomas, para que no pudiesen comunicarse entre sí en una lengua desconocida para los amos. Otra fue la de castigar a los esclavos que hablaban en su propio idioma, obligándolos a comunicarse exclusivamente en el de los dueños. Otra fue la de prohibir que los esclavos aprendiesen a leer o a escribir: así, aparte de que se evitaba que tomasen conocimiento de cosas que podían ser perjudiciales para muchos hacendados (por ejemplo, decretos reales o eclesiásticos condenando la difundida práctica de mutilar físicamente a esclavos rebeldes y sus cómplices), se dificultaba la comunicación entre esclavos (y, por ende, protestas y rebeliones colectivas).

Controlar el lenguaje compartido por una comunidad es, en efecto, uno de los más eficaces instrumentos para dominarla. Por ello, uno de los esfuerzos importantes en muchos intentos de dominación es el de *controlar, reducir y (si necesario) substituir* el lenguaje de los oprimidos. Después de todo, así es más fácil controlar, reducir o eliminar —también— la capacidad de los oprimidos de ver su propia situación como injusta y superable ... y la de considerar como posibles y deseables acciones colectivas en aras de transformar tal situación.

La biblia es un conjunto de escritos sagrados que ha recogido y alimentado muchas rebeliones contra todo tipo de opresión. Ya desde antes de Jesús, los emperadores romanos temían las rebeliones de la oprimida población judía y favorecían autoridades que estimulasen una interpretación conservadora de la tradición bíblica. La ejecución de Jesús y la persecución de los primeros cristianos obedecieron, en gran medida, a aquel temor (hoy día, acostumbrados a separar y oponer "judíos" y "cristianos", tendemos a olvidar que Jesús y la mayoría de sus primeros seguidores eran judíos).

Doscientos y pocos años luego, el emperador Constantino el Grande se hizo cristiano, el cristianismo fue hecho religión oficial del imperio y los líderes de la iglesia pasaron de perseguidos a poderosos. Allí nacieron "políticas lingüísticas" sumamente interesantes en relación a la biblia: por una parte, los dirigentes eclesiásticos comenzaron a definir qué textos (de la antigua tradición judía y de las iglesias cristianas) tenían que ser aceptados por los cristianos como revelados por Dios y cuáles otros, por el contrario, debían ser rechazados como "apócrifos". Como de muchos textos había varias versiones diferentes, se comenzó entonces a establecer cuáles versiones debían ser aceptadas como legítimas y cuáles no. Así, a lo largo de varios siglos —con muchos conflictos en medio— se definió un "canon" de la biblia (es decir, una norma oficial estipulando cuáles versiones de cuáles textos componían el conjunto de los libros sagrados para las iglesias cristianas).

Como el latín se convirtió en la lengua oficial del imperio romano —y de las élites eclesiásticas— el canon de la biblia fue enteramente traducido al latín y se desarrollaron otras nuevas "políticas lingüísticas". El latín —lengua de la minoría que sabía leer y escribir— se volvió casi que el único idioma en el que la biblia podía ser transcrita o leída. ¿Consecuencia? Los sectores populares europeos, durante cerca de mil años, no conocieron otra biblia que la leída y predicada en los púlpitos de las iglesias por los pocos sacerdotes que sabían leer latín y que se dignaban a traducirla desde el púlpito a las lenguas populares. Y, aun entonces, a menudo eran los textos más inocuos y las interpretaciones más conservadoras las que dominaban la prédica eclesiástica.

De este modo se garantizó, durante un milenio, que escasas lecturas o interpretaciones "subversivas" de las tradiciones judeocristianas se propagasen entre quienes sufrían opresión a manos de terratenientes cristianos en la Europa medieval o en la América colonial.

Pero hay caminos muchísimo más sutiles de ejercer control sobre el lenguaje de los oprimidos, reduciendo así las posibilidades de exitosas rebeliones colectivas. Uno es establecer y enseñar como "lenguaje correcto" el modo como las élites de un país hablan y escriben el idioma que ellas comparten con los sectores populares. "Corregir", descalificar, burlar o ridiculizar los usos populares del lenguaje son parte de esa "política lingüística": así se refuerzan —casi inconscientemente— las ideas complementarias de "superioridad" de las élites y de "inferioridad" de las clases populares. Así se consolida el supuesto de que quienes tienen más poder y riqueza es porque son más capaces, saben más, son más inteligentes; y quienes tienen menos poder es porque son más ignorantes, brutos o perezosos (y si quieren vivir mejor —es decir: como los poderosos— tienen que aprender a vestirse, comportarse y *hablar* como ellos ... si no lo logran, no tienen por qué quejarse de su mala suerte). Por ello es quizá importante reflexionar críticamente acerca de a quiénes "corregimos" su uso del idioma, cómo, cuándo, dónde y con qué efectos.

En fin, quiero mencionar rápidamente dos cosas más que pueden habitualmente funcionar como "políticas lingüísticas" de control de los oprimidos. Una es el "hablar en raro": usar un lenguaje deliberadamente oscuro y confuso para aparecer como mayor conocedor de un asunto y, de este modo, conquistar o consolidar mayor poder en un ámbito especial. Otra, parecida, es usar lenguaje "de expertos" al hablar con gente "inexperta" en el campo propio de especialización: buena manera de callar a quien no es "especialista", para impedirle que critique la teoría o la práctica del "especialista" y para —en definitiva— imponerle los intereses del "experto", incluso contra los del "cliente", "estudiante" o "paciente" del mismo "especialista".

Creo que quien lea estas líneas podrá recordar experiencias concretas donde estuvo a veces de un lado, a veces del otro, en "políticas lingüísticas" como las señaladas.

La comunicación en silencio

Es claro que, en un cierto sentido, para dominar, los poderosos tienen interés en acallar buena parte de las voces de los oprimidos: las voces de dolor, protesta, denuncia, anuncio de un mundo diferente o llamado a la lucha colectiva por una vida mejor. Si lo logran —mediante represión, propaganda, recompensas, etc.— el silencio de los oprimidos significará, al menos por un tiempo, una victoria de los poderosos: un obstáculo para que los oprimidos construyan un conocimiento de la realidad adecuado a sus propias tradiciones, necesidades y esperanzas.

Así tenemos el "silencio cómplice" de quienes callan lo que conocen por las recompensas del silencio o por temor a las consecuencias de hablar; el "silencio impuesto" mediante el cierre de medios de comunicación, el encarcelamiento o la eliminación física de personas; el "silencio sumiso" de quienes creen más en la palabra de los poderosos que en la de sus iguales o, incluso, que en la suya propia. En tales casos, se dificulta construir un conocimiento de la realidad que vaya más allá de los intereses y límites impuestos por los poderosos.

Sin embargo, el silencio no es siempre —ni necesariamente— un obstáculo para el conocimiento ni un instrumento de opresión. En medio y a través del silencio se pueden dar hondas formas de comunicación de experiencias, sentimientos, conocimientos, etc. (^{2}). Esto lo sabe muy bien quien viva o recuerde relaciones de larga e intensa intimidad con otra persona (en la maternidad, la amistad, el enamoramiento, las relaciones familiares, etc.). También es parte de la experiencia de quienes tienen impedimentos para comunicarse por los canales ordinarios: personas sordas, mudas, ciegas, paralizadas o parcialmente incomunicadas.

En Venezuela, en varias cárceles de mujeres, hay ventanas enrejadas por las que las presas pueden sacar las manos y ver la calle. Son pocos los días de visita "oficial" a las presas. Otra forma de "visita" ha florecido entonces: desde la calle. La distancia y el montón de gente hacen imposible hablar con los "visitantes" de fuera. Con el correr de los meses, empero, cada mujer encarcelada —junto con su visitante particular— desarrolla todo un lenguaje manual para sostener largas conversaciones privadas entre la ventana y la lejana calle de enfrente. Y así se hace menos dura y menos larga para estas mujeres —y para sus compañeros— la espera por los días "oficiales" de visita cara a cara.

Hay el silencio de la escucha: contraparte indispensable de una verdadera comunicación, pero, también, requisito del auténtico diálogo, el único que hace posible —mediante crítica, transformación y apropiación creadoras— que broten conocimientos. Hay el silencio de la contemplación: la capacidad de conocer callada y maravilladamente la belleza, el valor, lo sagrado, la bondad o, sencillamente, la vida misma. Y, del mismo modo, existen muchas formas en que el silencio puede ser expresión más o menos elocuente de un punto de vista de los oprimidos, de sus reclamos y esperanzas. Por ejemplo, el silencio aparentemente sumiso —incluso acompañado de un leve asentimiento con la cabeza y de un gruñido que luce como un "sí"— pero que, en el fondo, es bien comprendido por quien está familiarizado con la situación: significa algo así como "aunque estoy en desacuerdo, no tengo por ahora fuerza para resistir; quizá luego, ya veremos".

O el silencio glacial, de resistencia desafiante o agresiva, anunciando tempestad. O, también, el silencio deliberado de protesta ante la palabra oprimida, como los desfiles de amordazados para denunciar la falta de libertad de prensa. O, en fin, el silencio "táctico", de quienes sienten que hablar abiertamente puede ser suicida y deciden esperar —activa o pacientemente— por mejores tiempos; silencio éste que puede, o no, ir de la mano con la creación sigilosa de nuevos espacios, medios y formas de comunicación entre los subyugados.

En América, las poblaciones indígenas y afroamericanas —pero también a menudo las mujeres, los campesinos, y muchas personas trabajando como obreros o empleados— se han visto obligados a cultivar una enorme gama de esos "silencios elocuentes", sobre todo en las relaciones con los grupos y las personas en posiciones de mayor poder.

Por una reapropiación creadora del lenguaje

Nuestra relación con el lenguaje es, a la vez, síntoma y sostén de nuestros vínculos con la realidad —incluso de nuestro modo de conocer lo real.

Podemos tener una posición rígida y sumisa ante el lenguaje: pensar que cada palabra tiene un significado único, claro y permanente, y que los diccionarios y los sabios están allí para enseñarnos qué significan y cómo debemos usar esas palabras.

Una actitud como ésa —me parece— va generalmente de par con una concepción *jerárquica y autoritaria* de la realidad: todas las cosas y personas tienen ya su sitio exclusivo e inalterable, las inferiores debiendo siempre someterse a las superiores. Asimismo, esa posición favorecerá que veamos el conocimiento de manera análoga: sólo hay una manera correcta de conocer la realidad, conocida por los expertos; si aprendemos de ellos, alcanzaremos la verdad, que es también inmutable y única.

Recuerdo aquí un duro y breve intercambio de palabras que sostuvieron en 1971 un par de estudiantes latinoamericanos en Europa. Elena y Ángel discutían sobre la conveniencia o no de un sistema democrático multipartidario. En un cierto momento, Ángel argumentó que "en *El Estado y la Revolución* Lenin dice que ..."; "¡Para!", lo interrumpió Elena abruptamente, "quiero saber qué es lo que *tú* piensas de eso; ¡no Lenin, sino *tú*!" Ese encontronazo me hizo ver que, a menudo, en lugar de pensar con nuestras propias cabezas, recurrimos a otros —y a sus palabras— para dar respuesta definitiva a nuestras preocupaciones.

Por supuesto, no es ésa la única manera de ver lenguaje, realidad y conocimiento. De hecho, a mí me parece que ese modo —rígido y sumiso— de situarse frente al lenguaje es *contraproducente* para quienes desean conocer la realidad para transformarla en vistas a superar relaciones sociales opresivas.

El lenguaje —cada idioma— puede ser visto como una creación humana en permanente transformación: llena de vida y de las complejidades y tensiones que forman parte de la vida. Así, el lenguaje puede ser entendido como un conjunto dinámico de herramientas para expresar, comunicar y transformar la experiencia humana. Además, podemos captarlo como una dimensión de la vida humana en comunidad, entretejida complicadamente con las demás dimensiones de esa misma vida: una dimensión que exige, posibilita y (a la vez) limita la participación creativa, en su propio devenir, de quienes comparten la misma lengua.

Creo que si entendemos así el lenguaje —dinámica y participativamente— será más factible integrarlo en esfuerzos eficaces de transformación liberadora de nuestras vidas (^{3}).

Participar, activa y colectivamente, en la reapropiación creadora del lenguaje compartido, puede impulsar nuestra capacidad de conocer novedosamente la realidad dentro de la que se es oprimido y que se busca transformar.

Veamos un par de casos históricos para ilustrar lo que estoy proponiendo con esa idea.

Cuando los imperios europeos invadían América —por los siglos quince y dieciséis— avanzaba la Reforma protestante en Europa. Uno de los grandes cambios que introdujo la Reforma —al tiempo que se divulgaba la imprenta— fue traducir la biblia a idiomas populares europeos (alemán, francés, inglés, italiano, etc.). Esto puso la biblia entera —por primera vez en mil años— al alcance de muchos oídos populares (como pocos podían leer, muchos predicadores leían en voz alta, en lenguas "vulgares", textos bíblicos en su mayor parte desconocidos hasta entonces). En pocos años, miles de campesinos se apropiaron del lenguaje bíblico como fundamento y símbolo de sus esperanzas de una vida mejor ... y se lanzaron contra los terratenientes —que los habían explotado durante generaciones— en las llamadas "guerras campesinas" anabaptistas de Alemania y Bohemia.

El caso de la revolución Sandinista en Nicaragua (1979-91), puede ser visto, también, bajo el ángulo de la reapropiación creadora de un lenguaje compartido. En este caso, el lenguaje de las tradiciones socialista, democrática, cristiana y sandinista, en el castellano propio de ese país centroamericano. El Frente Sandinista consiguió —en pocos años— crear un ideario propio y original capaz de reivindicar muchas aspiraciones centrales de los nicaragüenses de los años ochenta; articularlas con elementos importantes de las cuatro tradiciones citadas; criticar en esas tradiciones aspectos repugnantes para segmentos significativos de la población nica y de la opinión pública internacional; y, finalmente, expresar ese conjunto de ideas en un lenguaje y en formas de comunicación originales de los sectores populares de Nicaragua. Con ese ideario, el Frente Sandinista contribuyó a una exitosa movilización popular contra la dictadura somocista y, luego, a una democracia pluralista y participativa con una economía mixta y más autónoma.

Yo a ésas las llamaría "reapropiaciones creadoras" de un lenguaje compartido por los oprimidos: el lenguaje bíblico campesino alemán y checo de los siglos quince y dieciséis, en un caso, y, en el otro, el castellano político-religioso popular nicaragüense de los años 70-90 de este siglo veinte.

La "reapropiación del lenguaje" por parte de los oprimidos podría entenderse simplemente como "aprendizaje". Según esta óptica, los pobres son pobres porque no han tenido educación suficiente, ya sea para "surgir" dentro de la sociedad (visión "de derecha"), ya sea para "insurgir" contra el sistema (visión "de izquierda"). En cualquier caso, el acento se pone sobre *aprender* algo preexistente, algo enseñado por *otros*: quienes "ya saben".

En estas líneas, lo que yo quiero sugerir es algo bastante diferente: el conocimiento es algo siempre por hacer, rehacer, criticar y transformar. El lenguaje es uno de los principales instrumentos de construcción, comunicación, crítica y transformación del conocimiento. Para transformar deliberadamente la realidad según valores y metas compartidos por una comunidad, es preciso transformar también —simultáneamente— nuestro conocimiento de la realidad (es decir, nuestra visión del mundo junto con el lenguaje en que la expresamos).

Ahora bien, creo que si nos relacionamos pasiva y sumisamente con el conocimiento y el lenguaje ya existentes (por ejemplo, dedicándonos a "aprenderlos" o a "enseñarlos"), difícilmente podremos contribuir a transformar nuestra realidad más allá del marco de los valores dominantes en nuestra sociedad.

Por ello, si lo que se busca es superar relaciones de opresión, parte de lo que habría que hacer es retomar el lenguaje que hemos heredado del pasado (con las ideas en él expresadas) y "adueñarnos" crecientemente del mismo: criticarlo colectivamente, transformarlo creativamente, enriquecerlo activamente ... hasta lograr —con autonomía— ver y decir nuestra realidad desde nuestra experiencia de opresión y a la luz de nuestra esperanza de liberación.

Es en ese sentido que me parece una tarea liberadora primordial ésta de la reapropiación creadora del lenguaje por parte de quienes sufren opresión.

Marginación, liberación y lenguaje

Seguramente todas las personas que lean estas líneas han oído y leído expresiones como "aguas negras" (incluso refiriéndose a aguas contaminadas con sustancias de color blanco) y "aguas blancas" (ésta última hasta para aludir a aguas no-contaminadas, aunque se vean de color muy oscuro, como las del Río Negro, cerca de Manaos, en Brasil). Igualmente conocemos insultos como "¡indio tenía que ser!" —sólo usada para acciones reprobables— así como una infinidad de chistes donde indígenas y afroamericanos son minusvalorizados y ridiculizados. Igualmente, se hacen injurias y burlas a costa de otros sectores con escaso poder y despreciados por las élites:

campesinos, mujeres, homosexuales, obreros, habitantes de zonas marginales de las ciudades, gente de fuera de la capital, trabajadores inmigrantes, inválidos, ancianos, analfabetas, etc. Pocas expresiones similares encontramos para con los grupos poderosos. Y las escasas que hallamos, invariablemente ridiculizan a miembros de la élite precisamente *por no ser 100% "como deberían ser"*: es decir, por tener, aunque sea marginalmente, algún rasgo —o pariente, o ancestro, etc.— que los identifique con los grupos menos poderosos de la sociedad.

Esas son formas como, a través del lenguaje, expresamos y consolidamos —a menudo de modo inconsciente— las relaciones de dominación que caracterizan a nuestras sociedades.

La inmensa mayoría de las comunidades humanas que conocemos han vivido —durante varias generaciones— el sometimiento de ciertos sectores suyos (con frecuencia mayoritarios) bajo el poder de otros grupos (conciudadanos o extranjeros). Esas condiciones opresivas, habitualmente, marcan el lenguaje de quienes se ven envueltos en ellas: chanzas, ofensas, elogios y —en general— expresiones emocionalmente fuertes (inclusive piropos y palabras de amor) recurren reiteradamente a las relaciones de poder como una de sus principales fuentes de significado ([4]).

Por todo esto, uno de los múltiples terrenos en los que hoy se libran luchas por la autoestima, la emancipación y la autonomía de sectores oprimidos es —justamente— el del lenguaje.

En efecto, podría afirmarse que el lenguaje tiene un papel clave en los procesos de liberación. Si *nuestro modo de hablar de la realidad* (lenguaje) se mantiene igual que como se gestó bajo circunstancias opresivas, ello reforzará (en nosotros y en quienes nos rodeen) *una visión conservadora* la realidad. Consecuentemente, *nuestro modo de actuar ante la realidad* tenderá en ese caso —pese a nuestras intenciones en contrario— a confirmar y consolidar las condiciones opresivas que deseamos alterar. Esta es una hipótesis que comparten la mayor parte de quienes critican el racismo, el machismo, el clasismo y otros "ismos" que plagan nuestro lenguaje cotidiano.

Podríamos, por el contrario, intentar constantemente —en comunidad— la crítica y transformación del lenguaje cotidiano, a fin de que éste exprese una visión más abierta, flexible, humilde e igualitaria de la humanidad. Tal esfuerzo —si es persistente y colectivo— puede contribuir a difundir, ahondar y expandir esa misma visión de la realidad. Y, en medio de esta dinámica, es mucho más probable que proliferen iniciativas prácticas para cambiar la realidad en el sentido señalado.

En este sentido, yo insinuaría que una "liberación del lenguaje" podría formar parte de cualquier esfuerzo emancipador que quiera ser eficaz. Más aun si lo que se busca es, precisamente, construir, discutir, comunicar, criticar y modificar un conocimiento de la realidad para transformarla.

El lenguaje popular: elitismo vs. populismo

Aquí me viene a la mente una experiencia que tuve cuando empecé a visitar los E.U.A. como charlista, invitado por grupos de latinos. Resulta que, desde mis primeras charlas —que eran sobre temas como los de este libro— noté que algunas personas en la audiencia tenían cara de no entender muy bien lo que yo quería decir. Primero pensé que era cuestión de idioma y entonces explicaba las mismas ideas tanto en castellano como en inglés. Pero aun había algunas personas para quienes la cosa no se aclaraba. Pensé que era que yo estaba hablando muy complicado: intenté hablar más clara, sencilla y ordenadamente —usando ejemplos, chistes y algunos dibujos y esquemas en el pizarrón. La cosa mejoró, pero no para todos.

Lo raro —para mí— es que nunca había experimentado esa situación ni con latinoamericanos en América Latina ni con gente nacida en hogares de habla inglesa en E.U.A. Así que me dediqué intensamente, durante varios días, a conversar informalmente con la gente del grupo de latinos y con varios de los líderes de la institución que auspiciaba sus encuentros y charlas como la mía.

A medida que pasaban los días comencé a entender parte del problema. Muchos de los asistentes nunca habían escrito o leído castellano: era el idioma de la casa materna, del afecto y de los conflictos de infancia y adolescencia. Pero era también *un idioma despreciado* fuera de casa —por iglesia, ejército, escuela, policía, oficinas, comercios, empleadores, etc.— y, a veces, incluso en la propia casa (por familiares desesperados por adaptarse y surgir en este país donde eran despreciados).

Casi todos los que tenían dificultades con mis charlas hablaban, leían y escribían normalmente el inglés —con la excepción de algunos que nunca pudieron ir a la escuela por tener que trabajar desde niños. Sin embargo, el inglés constituía para ellos *un idioma impuesto*: la lengua extranjera y obligatoria de la escuela, la iglesia, el ejército, el empleo, el comercio y la televisión. Ni en el castellano (hogareño, infantil, analfabeta y despreciado) ni en el inglés (extranjero, arrogante, metalizado e impuesto) había en algunos de ellos la experiencia de discutir política, teología o problemas sociales, éticos o filosóficos.

Todo un mundo de lenguaje y, por lo tanto, de conocimiento —común a la mayor parte de los latinoamericanos de América Latina y a buena parte de los nacidos en hogares anglófonos en los E.U.A.— les era, todavía, ajeno a algunas de estas personas.

¿Cómo estimular, en un caso como ese, una "reapropiación crítica", una cierta "liberación del lenguaje"? Aunque no poseo la respuesta, es preciso —me parece— partir del lenguaje real, actual, *de los oprimidos*, tal cual es hablado, escrito, leído y entendido por éstos.

Podríamos, por supuesto, partir del lenguaje de las élites o del argot particular de ciertas "minorías críticas" (filósofos existencialistas, teólogos de la liberación, políticos socialistas, escritoras feministas, historiadores afrocentristas, sociólogos marxistas, antropólogos indigenistas, etc.). De hecho, creo que esto es lo que más comúnmente se hace.

El problema, en mi opinión, es que esto puede agravar la situación. Esto puede confirmar —sin que nadie lo quiera ni lo busque— lo que cotidianamente, a través de mil aspectos de la vida, la mayor parte de los marginados está acostumbrada a escuchar: que ellos no saben hablar, no entienden su propia situación ni son capaces de transformarla ... que son *otros* quienes hablan como se debe hablar, conocen adecuadamente la realidad y saben cómo mejorarla ... que los marginados son ignorantes, brutos e incapaces ... y que deben por ende dejarse llevar, pasiva y sumisamente, por las élites (sean éstas de "izquierda", "centro" o "derecha"; profesionales, políticas, económicas o religiosas; ateas, musulmanas, católicas, judías o protestantes).

A una "política liberadora" de ese corte yo la denominaría "elitista". No tanto porque, generalmente, surja de gente nacida en los sectores pudientes de la sociedad o educada en sus patrones. Sino, sobre todo, porque obedece al prejuicio de que son sólo minorías selectas quienes saben lo que "las masas" deben decir, pensar y hacer: prejuicio que, a mi manera de ver, estimula pasividad, sumisión y autodestructividad entre los marginados, al tiempo que consolida el poder, las actitudes y la conducta de las élites (y, por ende, las condiciones opresivas).

Por esto, insisto: para articular una cierta "liberación del lenguaje" es preciso —me parece— partir del lenguaje real, actual, *de los oprimidos*, tal cual es hablado, escrito, leído y entendido por éstos.

Sin embargo, hay otra tendencia —opuesta al "elitismo"— que me parece interesante analizar en cuanto a los esfuerzos de "liberación del lenguaje".

El "lenguaje real y actual de los oprimidos" es, comúnmente, como ya lo hemos anotado, un lenguaje profundamente marcado por la opresión: un lenguaje construido bajo el influjo de las élites, lleno de mecanismos de imitación y adaptación a los valores dominantes; de muchas maneras vehículo de opresión y a menudo rezumante de autodesprecio y resentimiento. Además, el lenguaje popular es, frecuentemente, un lenguaje parcialmente "empobrecido": carente de los términos y las expresiones capaces de expresar la realidad (informativa, tecnológica, cultural, etc.) a la cual sólo las élites tienen acceso continuo y constante.

Investigar, recuperar, valorizar, reivindicar y difundir el lenguaje popular —el "lenguaje real y actual de los oprimidos"— es, creo, una manera de superar nuestras tendencias "elitistas". Pero *quedarse sólo en eso* es olvidar —y consolidar por omisión— que el lenguaje popular es, parcialmente al menos, producto e instrumento de procesos de dominación social.

Eso es lo que yo denominaría "populismo": una valorización ingenua, acrítica, de lo "popular". Valorización frecuentemente hecha desde las élites y usualmente útil para fomentar una armonía entre élites y pueblo sin mudar para nada las relaciones de opresión entrambos.

Pero resulta que el lenguaje popular es, en parte, fruto de un proceso de expropiación —material y espiritual— que a menudo deja a los oprimidos sin recursos para ensancharlo, enriquecerlo, criticarlo y rehacerlo. Así, el "lenguaje real y actual de los oprimidos" con frecuencia presenta obstáculos para captar, expresar y comunicar la complejidad dinámica de la realidad. Por ello mismo, ese lenguaje —tal cual es— es a menudo insuficiente para nutrir la capacidad crítica y transformadora de los sectores socialmente marginados. Por ende, junto con investigar, recuperar, valorizar, reivindicar y difundir el lenguaje popular, tal vez podríamos pensar en un trabajo colectivo *desde dentro y por parte de los mismos sectores populares* que incluya, reiteradamente, el análisis crítico y la transformación creadora del lenguaje popular.

Pero, me parece, no basta con esto. El lenguaje de las élites tiene que ser también activamente tomado en cuenta. El lenguaje de las élites no es solamente instrumento de dominación: es también herramienta de expresión, comunicación y control de la realidad sobre la cual las élites ejercen conocimiento y dominio. Esto es, justamente, lo que le facilita al lenguaje de las élites el ser asimismo instrumento de dominación ... y el convertirse en *norma* del sistema educacional, *criterio* de selección social y profesional y *referencia* común entre quienes hablan el mismo idioma de maneras diferentes.

Lenguajes populares y lenguajes elitescos son, en el fondo, "dialectos" de un mismo idioma. Para "dominar mejor", las élites necesitan no sólo conocer su propio "dialecto": requieren también de intelectuales versados en el lenguaje popular, con la capacidad y la voluntad de transmitir los valores e intereses de las élites a los sectores populares en el lenguaje de éstos.

Igualmente, para "mejor resistir" la dominación —y para acrecentar las posibilidades de éxito en sus esfuerzos por transformar esa situación de dominación— los sectores populares necesitan, *también*, del lenguaje de las élites. Eso lo sabe cualquier niño de los sectores populares que haya concluido la escuela primaria o haya tenido experiencias equivalentes del poder del lenguaje elitesco. Por lo general, ese saber se traduce —y se queda— en "aprender a hablar y escribir como los ricos para poder surgir individualmente en la vida", frecuentemente "olvidando" y despreciando el propio lenguaje popular.

Me parece preciso ir mucho más allá y volverse, por decirlo así, socialmente bilingüe: reapropiarse crítica y creativamente del propio lenguaje popular, haciéndose dueño orgulloso del mismo y desarrollando todas sus potencialidades liberadoras ... y, *simultáneamente*, reapropiarse crítica y creativamente del dialecto dominante —sabiendo usarlo como una especie de "segundo idioma" que acreciente aun más las propias posibilidades de conocimiento de la realidad para su transformación.

Más allá de la prosa escrita

¿A usted no le parecen fastidiosísimos la mayor parte de los discursos políticos? ¿Y qué me dice de los sermones religiosos? ¿Y de los panfletos de izquierda? ¿Y qué tal los análisis económicos de la mayor parte de los periódicos? No es tanto que no se entiendan. Pueden hasta estar en un lenguaje bien claro, bien "popular". Tampoco es que necesariamente mientan o que hablen de cosas poco importantes. Pueden hasta traer con cierta frecuencia informaciones graves y ciertas. Es que —¿no es cierto?— les falta humor, amor, afecto, carne, realidad. Carecen de variedad, color, imaginación, vidas reales, ¿no le parece?

Creo que una buena parte de la dificultad de todos esos "discursos" es que confían demasiado en la palabra hablada, en la prosa, en la abstracción intelectual, los datos fríos y el razonamiento "lógico" como vehículos "superiores y privilegiados" del conocimiento. Pero resulta que —en el fondo— tales vehículos del conocimiento no son sino "dialecto de una tribu particular". El gran problema, entretanto, es que esa "tribu particular" está, en general, mas cerca de los poderosos que de los marginados ... lo que le da, con frecuencia, aires superiores y estilos de vida privilegiados. Y esto contribuye a que vean su peculiar "dialecto" (el argot o la jerga de los expertos y especialistas, de los intelectuales) como una lengua "superior y privilegiada" para comunicar, discutir y reconstruir el conocimiento humano.

En cambio, ¿conoce usted la música de Mercedes Sosa, de Chico Buarque, de Rubén Blades, de Juan Luis Guerra y 4:40? ¿O las caricaturas de Quino, Zapata o Gila? ¿Y qué le parece la poesía de Gioconda Belli, las novelas de Rubem Fonseca, las meditaciones de Dom Helder Câmara, la películas de Oliver Stone, los artículos de Marina Colasanti, los libros de Alice Walker? ¿No hay en todo ello conocimiento, estímulo a la investigación, recuperación de la historia, articulación de teorías, crítica de las "evidencias" predominantes, y hasta "vigilancia" y "rupturas" epistemológicas, y todo ello con más frecuencia que en la "prosa verbosa" de muchos de nuestros "expertos"?

Lo que acontece, me parece, es que los lenguajes humanos —y las formas de expresar, comunicar, criticar y transformar el conocimiento— son infinitamente más ricos que esa "prosa verbal", que el "discurso verboso". Incluso la propia *palabra* humana tiene una variedad mucho más inmensa que la "prosa verbosa": poesía, décima, mito, canción, máxima, "repente", metáfora, parábola, "rap", galerón, anécdota, cuento, oración, chiste, meditación, fábula, ironía, sátira ... y un sinfín de otras maneras de utilizarla. Y, junto con la palabra, o más allá de ella, están otras formas de expresión y comunicación, otros "lenguajes", que también pueden servir para difundir, evaluar y transmutar nuestros conocimientos: teatro, títeres, fiesta, simbología religiosa, baile, música, "descarga", caricatura, pintura, escultura, tacto, gestos, miradas ¡e infinitas combinaciones de todas esas cosas!

Para mí, "liberación del lenguaje" son los miles de esfuerzos actuales por reconstruir y multiplicar —a partir de realidades opresivas— lenguajes capaces de anunciar nuevas maneras de vivir: abiertas, flexibles, humildes, pluralistas, fraternales, igualitarias, participativas, cooperativas. Una tal liberación del lenguaje, me parece, va más allá de ejercicios intelectuales abstractos ejercidos sobre la "prosa verbosa". Se hace también con la palabra —en toda su diversidad— pero más allá de ella: en los más variados ámbitos y los más diversos canales donde las personas intentamos encontrarnos, expresarnos, comunicarnos, amarnos y conocernos unas con otras; allí donde vamos a disfrutar, celebrar, curar, nutrir, multiplicar, defender, proteger, comunicar y brindarle sentido —en comunidad— a nuestras vidas.

Una genuina liberación de los lenguajes populares, de la palabra de los oprimidos, pasa por muchas de las formas de compartir, criticar y enriquecer el conocimiento que están presentes hoy entre la gente común. Cuando son liberadores, esos esfuerzos contribuyen a romper las amarras que relegan la palabra popular —así como la experiencia y a la sabiduría populares— a un lugar subalterno y despreciado dentro de nuestras comunidades. Y, análogamente, pueden crearse así puentes —tensos y problemáticos, sin duda— para un auténtico diálogo entre las comunidades populares y los más diversos especialistas. Así, —ojalá— muchos ensayos de liberación del lenguaje popular se tornan en alimento de la vida de las comunidades marginadas de nuestra América.

Una Síntesis Sencilla del Asunto

Conocemos nuestra realidad —a sabiendas o no— mediante el lenguaje que heredamos de las generaciones pasadas y que aprendemos a diario de la gente con la que convivimos. Ese nuestro lenguaje nos sirve, pues, aunque no nos demos a veces cuenta, de herramienta para conocer el mundo que nos rodea: instrumento de expresión, transmisión, discusión, crítica y transformación de los conocimientos que vamos construyendo en comunidad.

El lenguaje, entonces, a la vez que hace posible el conocimiento, también *lo orienta y le pone límites*. Hay cosas que no sabemos decir —aunque las experimentemos hondamente— o que somos incapaces de entender porque nuestro lenguaje no es todavía capaz de formularlas claramente. Hay cosas a las que prestamos atención porque nuestro idioma hacia allá nos lleva. Y hay conocimientos que son posibles porque disponemos de las palabras para decir lo que nuestra experiencia nos indica.

Por todo ello, cuando en una comunidad se dan intentos de dominación de un grupo humano por otro, el lenguaje entra de inmediato en juego: para justificar, cuestionar, ocultar o denunciar la violencia en curso. Si tales intentos de sojuzgamiento son exitosos más allá de un par de generaciones, entonces nuestro propio modo de *ver y decir* la realidad —mediante el lenguaje tanto de poderosos como de marginados— se transformará ... y tenderá con frecuencia a expresar y confirmar de algún modo esa victoria.

En consecuencia, también la oposición al dominio, como los impulsos por liberarse del mismo, se hallan íntimamente vinculados con el lenguaje. El lenguaje de una comunidad —en parte fruto de la resistencia a la opresión, pero también marcado por la dominación misma— es entonces, a la vez, aparejo necesario y obstáculo potencial para que los marginados puedan percibir, decir, discutir y transformar sus condiciones de vida.

Yo hablaría, pues, de una "liberación del lenguaje", para referirme a los afanes presentes hoy en muchas comunidades

latinoamericanas por recuperar, profundizar y reflexionar
—crítica y creativamente, en colectividad y con orgullo— las
formas de expresión de los oprimidos: las maneras más
propias suyas de definir, decir, recordar, soportar, disimular,
resistir, llorar, meditar, ridiculizar, denunciar, enaltecer,
alegrar, anunciar y celebrar la propia vida.

Pero hay más. "Liberación del lenguaje", también, serían
todos los intentos —dentro y fuera de los sectores oprimidos—
por detectar y superar todas las facetas opresivas de nuestro
lenguaje actual: es decir, todas las maneras como nuestro
lenguaje —en toda su inmensa variedad, incluso más allá de
las palabras— inspira y reafirma actitudes, relaciones y
comportamientos violentos, autoritarios, abusivos,
discriminatorios y destructivos.

Quizás por allí haya caminos para que podamos un día
ver y decir la realidad de un modo que inspire paz, justicia y
ternura.

CAPÍTULO CINCO

Para Repensar lo que Entendemos por Conocimiento

En los ochenta, cuando Ronald Reagan era presidente de los E.U.A., un pequeño escándalo agitó la prensa y política mundiales: graves decisiones económicas, políticas y militares del gobierno más poderoso del planeta sólo eran tomadas por Reagan luego de consultar a Jeanne Dixon, astróloga privada y amiga íntima de la primera dama. Amigos y asesores de la presidencia —en una variedad sorprendente— confirmaron la noticia, la negaron, rehusaron opinar al respecto o simplemente afirmaron que todo era una confusión. La propia Jeanne Dixon vio aumentar las ventas de sus escritos y servicios, mientras que gran cantidad de diarios y revistas del mundo entero se dedicaron a reportar cosas parecidas en muchísimos gobernantes del presente y del pasado.

Hace más de treinta años —si me es fiel la memoria— leí en la revista *Life* un reportaje realizado en Haití. El periodista relataba su visita a una trabajadora de la capital de ese país caribeño. En un cierto momento de la entrevista, la señora se excusó por unos minutos, se dirigió al patio de su casa y estuvo un breve rato con las manos puestas sobre el tronco de un árbol allí plantado. Al regresar ella, el periodista le preguntó, extrañado, qué acontecía. La señora le respondió que su marido había salido poco rato antes a hacer las compras en el mercado; ella había olvidado pedirle ciertas cosas y, por eso, había ido al árbol. El periodista —confundido— pidió que le explicara qué tenía que ver el árbol con eso. "Es que no tenemos teléfono", le dijo, con la mayor naturalidad, la entrevistada.

Por supuesto, el reportero de *Life* alargó la entrevista hasta el regreso del marido ... quien, en efecto, traía consigo, entre otras, las cosas mencionadas por su esposa.

*

Siempre que se plantea una buena discusión sobre este asunto del conocimiento humano, surgen preguntas como las siguientes: Pero, entonces ¿no podemos tener certeza definitiva de nada? ¿Y acaso el conocimiento científico no es algo comprobado, irrefutable y en progreso constante? ¿Y dónde queda la verdad? ¿Todo es relativo, todo da igual, todo el mundo tiene razón acaso? ¿Y el error, la mentira, dónde quedan? ¿Qué relación hay entre el conocimiento científico y otras formas de conocimiento? ¿?

En la última parte de estas reflexiones sobre el conocimiento humano —y sobre su relación con la transformación de condiciones injustas— voy a tocar, aunque sea rápidamente, algunas de estas cuestiones cruciales.

Quiero que quede muy claro —una vez más— que no pretendo ni quiero "agotar" el tema del conocimiento ni todas sus posibles facetas. No. Lo que intento es tocar *algunos aspectos* del problema del conocimiento; sobre todo aquéllos que me parecen más graves y urgentes en la actual coyuntura de las Américas.

También me gustaría dejar igualmente explícito que ni siquiera sobre *esos pocos aspectos* de la cuestión del conocimiento trato de decir aquí "la última palabra". Tampoco. Apenas quisiera, sobre esas dimensiones del tema del conocimiento, proponer algunas ideas provocativas para estimular la duda, la apertura, el pluralismo, la curiosidad, la investigación, la reflexión crítica, la discusión y la imaginación creadora.

Estoy convencido de que en el asunto del conocimiento —como en muchísimos otros— escasea y hace falta, precisamente, eso: apertura, pluralismo, curiosidad, investigación, reflexión crítica, discusión y creatividad colectivas. Lo que sobra —y a menudo embota— es, en cambio, alguno de los extremos opuestos siguientes (¡y qué fácil es a veces pasar de uno de estos extremos al otro!). Por una parte abundan certezas irreflexivas, cerrazón, dogmatismo, miedo de aventurarse en terreno desconocido, pasividad, conformismo e incapacidad de discutir estas cosas a fondo y en serio, intensa y extensamente. Y, por otra parte, sobre todo en estos años de crisis, se multiplican las dudas paralizantes, las incertidumbres autodestructivas, la confusión, el caos, la resignación, la indecisión y el miedo.

Dicho esto, pues, vamos a entrar en un conjunto de problemas que me parecen demasiado importantes para dejarlos fuera de las reflexiones compartidas aquí (y algunos de los cuales han quedado medio planteados a lo largo de los capítulos anteriores, pero sin mayor desarrollo).

Entre éstos está, como veremos en primer término, el tema de *las ciencias*, de la "verdad", el "progreso" y el "método" científicos. Luego nos referiremos al papel de las *emociones y sentimientos* —y su relación con la razón— en el conocimiento humano. Más adelante tocaremos el asunto de la *"actividad"* y *"relatividad"* del conocimiento. Enseguida reflexionaremos acerca de varias propuestas para pensar el conocimiento de una manera un poco fuera de lo común: como conocimiento de lo que (aun) *no* existe; como *pre*-juicio (conocimiento anterior a la experiencia efectiva); como *re*-conocimiento (recuerdo de algo previamente experimentado); como *co*-nocimiento (tarea colectiva); y como *des*-conocimiento (ignorancia activa y a menudo necesaria).

Después de transitar por esos espinosos terrenos, ingresaremos en otros igualmente difíciles de abordar. Así, nos adentraremos en las razones por las cuales el conocimiento está necesariamente *en transformación* constante. Hablaremos de las dificultades para seguir manteniendo una concepción de *la verdad* como única, universal, permanente y absoluta —y propondremos algunas posibles alternativas. Después trataremos de la *separación entre conocimiento y realidad*, entre individuo y contexto, entre subjetividad y objetividad: distinciones frecuentemente útiles, pero artificiales, y que puede ser importante verlas como distinciones construidas por nosotros, seres humanos, y no como "realmente reales". En fin, cerraremos esta última parte proponiendo una comprensión del conocimiento como *reconstrucción fragmentaria, parcializada, imaginativa y provisional* de la realidad.

Quedamos, una vez más, con la conciencia de ser mucho más lo que quedará por decir que lo que diremos; serán también más los problemas planteados que los resueltos; y, a veces, muchas cosas quedarán más confusas que antes. Ojalá que ello provoque nuevas preguntas, búsquedas, discusiones y maneras de ver la realidad.

Algunas Dimensiones del Problema

Las ciencias modernas: utilidad e idolatría

Desde antes del siglo dieciocho, ciertas formas de conocimiento cada vez más populares en Europa empezaron a ser vistas, crecientemente, como superiores a todas las demás; como si ellas tuviesen la clave de lo que las religiones habían prometido pero habían postergado para "la otra vida":

la felicidad y la libertad humanas.

Esas formas de conocimiento recogían mucho de las matemáticas árabes; de la alquimia europea medieval; de parte de las tradiciones filosóficas inglesas, chinas y griegas; de la confianza en el progreso técnico alimentada por la revolución industrial inglesa; de la anticlerical fe de la ilustración europea —particularmente marcada en la Revolución Francesa— en el poder de la razón humana, libre de las ataduras de la religión; y, en general, del optimismo de la burguesía liberal urbana europea, convencida del inevitable progreso de la humanidad hacia tiempos de mayor racionalidad, libertad y felicidad.

La mezcla de esos elementos disparates impulsó enérgicamente —sobre todo en Europa a partir del dieciocho— la experimentación en laboratorios; la construcción y el uso de aparatos para la observación minuciosa de la realidad (telescopios, microscopios, etc.); la invención de complejas herramientas útiles para la producción (telares mecánicos, máquina de vapor, etc.); la construcción de nuevas teorías sobre el cosmos, la materia y la vida (la física de Newton, la química de Lavoisier, el evolucionismo de Darwin, etc.); y ensayos de aplicación de cálculo matemático —concebido entonces como absolutamente racional e infalible— a todas esas actividades.

Esas labores eran usualmente consideradas —en la Europa anterior al siglo dieciocho— como "parte" de la filosofía, de la teología, de la medicina, del arte militar o, más simplemente, del trabajo humano. Poco a poco, empero, las universidades y la prensa empezaron a brindarle cada vez mayor confianza y atención específica a ese cúmulo de faenas. Así, éstas empezaron a adquirir contornos propios: temas, jerga, métodos, metas, libros, especialistas, aplicaciones útiles, prestigio, premios, etc. Y, lentamente, fueron constituyéndose un conjunto de nuevas formas de conocimiento, relativamente independientes las unas de las otras: astronomía, geología, física, biología, química, etc. En Europa, hasta hace relativamente pocos siglos, el idioma común de los intelectuales era —como ya dijimos— el latín. En latín, "saber" se decía "scire". De allí salió "scientia", que significaba "las cosas sabidas". Y de "scientia" nació la palabra "ciencia", en castellano (y términos similares en otras lenguas).

La palabra "ciencia" —como todas las palabras— tiene una historia: lo que se quería decir con ella varió a través de los siglos. Todavía en el siglo diecinueve, "ciencia" significaba, simple y sencillamente el saber, el conocer, las cosas sabidas y conocidas ([1]). Pero, en el último par de siglos, "ciencias" ha venido a significar aquellas formas de conocimiento que comenzaron a adquirir prestigio e independencia, sobre todo en Europa a partir del siglo dieciocho: química, física, biología, geología, astronomía, y cualquier otra con rasgos análogos a éstas.

De esas formas de conocimiento —las ciencias modernas— una en especial se tornó como en modelo, norma o prototipo: la física. Así, hay todavía hoy tendencia a considerar una disciplina tanto más científica cuanto más se parezca a la física, y tanto menos ciencia cuanto menos rasgos de la física comparta.

¿Y cuáles son esos rasgos? La verdad es que la respuesta a esa pregunta depende del especialista interrogado. Empero, muchos coincidirán en que los atributos siguientes son clave para caracterizar una ciencia moderna: definición clara de los términos a usar, preferiblemente en referencia a datos observables y relaciones matemáticamente expresables; experimentación reiterada, comunicable a otros especialistas y repetible por éstos; uso de instrumentos de la mayor precisión posible para la medición cuantitativa de los elementos implicados en la experimentación; formalización matemática de los resultados de la investigación experimental;

construcción de teorías capaces de predecir comportamientos futuros de realidades análogas; y así por el estilo.

A estas "reglas del juego" habitualmente presentes entre los especialistas de la física se les da a menudo el nombre de "método científico". Y al conjunto de las disciplinas que guardan una cierta semejanza e interacción con la física, se las engloba con frecuencia bajo el nombre de "la ciencia", en singular.

Sin embargo, "la ciencia", en realidad, nunca ha existido. Lo que hay son ciencias, en plural: disciplinas variadas, cada una con su historia, sus especialistas, escuelas universitarias, textos, premios, teorías, revistas, vocabulario y *discusiones* propias; en relación variable, conflictiva y complicada con otras ciencias, otros métodos científicos y otras formas de conocimiento.

"El método científico", en singular, tampoco existe: hay reglas, nociones, técnicas y pautas que emergen, entran en conflicto con otras, se imponen parcial y gradualmente, y acaban volviéndose "normales" durante unos años —o décadas— entre la mayoría de los cultivadores de una o varias disciplinas (²). Tales normas varían según la disciplina, época y región de la que se trate. Es más —como lo subrayó, con muchos otros, el físico, matemático e historiador de las ciencias, Paul Feyerabend (³)— los grandes descubrimientos, inventos y cambios en la historia de las ciencias generalmente han resultado de revisar y superar críticamente —es decir, de transgredir— los métodos científicos hasta entonces consagrados en una época, disciplina o región.

Las ciencias y los métodos científicos, a través de su historia, han contribuido a estimular, entre otras cosas positivas (desde mi punto de vista), las siguientes: una atención cuidadosa a lo que realmente ocurre a nuestro alrededor, independientemente de nuestras intenciones conscientes, nuestras creencias y sentimientos; una tendencia a la observación sistemática, al contraste, la comparación y la experimentación repetida bajo condiciones tanto parecidas como diferentes, a fin de asegurarnos de la validez de nuestras conclusiones; una apertura deliberada a la discusión con otras personas, a la reflexión crítica en grupo y a la renovada revisión de los resultados de nuestras investigaciones. Todas estas características, me parece, es necesario valorarlas y aprovecharlas en cualquier esfuerzo por mejorar las condiciones de la vida humana en el mundo actual.

Las ciencias son —por lo demás— extraordinariamente útiles e importantes en el mundo de hoy. Directamente o no, el quehacer económico, político, sanitario, militar, educativo y comunicacional —es decir, nuestras condiciones de vida y de muerte— dependen enormemente de la producción científica. Y de ésta también depende en mucho la suerte de los anhelos humanos de justicia y paz duraderas.

Estos hechos podrían bastar para convencernos de que las ciencias son cosa seria y a ser tomadas en serio. Y creo que es mucho lo que de las ciencias —y de los métodos científicos— hay que aprovechar en cualquier intento de transformación de las sociedades actuales.

Esos hechos no deberían cegarnos ante otro hecho clave del mundo de hoy: lo que algunos denominan "cientismo" y que yo llamaría "idolatría de la ciencia". Me refiero a la actitud ingenua —pero hondamente difundida y aceptada— según la cual el *único* conocimiento válido es el "científico": supuestamente universal, acumulativo, permanente, así como absolutamente verdadero y bueno. Según esta posición, además, tal conocimiento sólo podría ser controlado y juzgado por los científicos propiamente tales —jamás por la gente común y corriente, ni siquiera a través de representantes democráticamente elegidos.

Esta idolatría de la ciencia comparte el prejuicio de erigir a la física —sobre todo *newtoniana*— en modelo y criterio de ciencia, de qué sea científico (y por lo tanto digno de atención y de crédito) e, incluso, de qué sea verdadero. Según esa perspectiva, las ciencias humanas (sociología, antropología, sicología, etc.) serían una especie de "subciencias" sin mayor validez. En esa línea, cada ciencia debe dedicarse específicamente a su propio objeto (con sus métodos, vocabulario y especialistas propios) sin meterse en otros campos y sin permitir que nadie ajeno se meta en el suyo. Y a esta especialización fragmentaria de las ciencias se suma algo peor: las preocupaciones éticas, ecológicas, sociales, religiosas y políticas no tendrían razón ni derecho alguno de perturbar la actividad científica (ni los científicos tendrían por qué molestarse con estas "anticientíficas" preocupaciones).

Esa idolatría de la ciencia me preocupa por al menos dos motivos. Uno: esa es la imagen de las ciencias divulgada por la mayor parte de escuelas, medios de comunicación, empresas y ejércitos que conozco (de "izquierda", "derecha" o lo que sea). Dos: creo que tal imagen de las ciencias contribuye a que la gente no quiera ver ni hacer nada ante el grave aporte de las mismas ciencias al armamentismo, la destrucción ecológica, la miseria creciente y la violencia endémica del mundo contemporáneo.

Lo trágico, pienso, es que mientras muchos científicos multiplican iniciativas y recursos para salvar, sanar y facilitar la vida humana, simultáneamente, cada año se dedica una mayor tajada de los recursos científicos mundiales —expertos, aparatos, dinero, formación e investigación— para sustentar y proteger militarmente las aventuras económicas y el estilo de vida de mínimas minorías pudientes de los países más poderosos del planeta.

Las ciencias son una creación humana reciente, cada vez más decisiva en cuanto a quiénes de nosotros, cómo, cuándo y dónde vamos a vivir o a morir. Los humanos —todos—

tenemos necesidad y derecho de intervenir de manera deliberada, organizada, continua y crítica en las actividades humanas que afecten la calidad de nuestras vidas y de nuestras muertes: incluso (¿sobre todo?) en las actividades científicas, seamos científicos o no. Más hoy: tiempos en que fuentes financieras y exigencias militares hacen de las ciencias —crecientemente— armas destructivas en manos de poderosas minorías, en lugar de herramientas al servicio de la vida —cada día más amenazada— de la mayoría de los humanos.

Razón, emociones y conocimiento

Y. Z. era un militante dedicado a la lucha por el cambio social en un país latinoamericano —viejo y querido amigo de varias personas que conozco. Cuando lo agarraron preso —por allá por los años sesenta— se ganó la profunda admiración de sus compañeros de cárcel y de partido (y hasta de muchos funcionarios policiales) por aguantar torturas indecibles durante más de un mes, sin "cantar" ni delatar a nadie. Ni el dolor ni el terror consiguieron quebrar sus valores y principios. Pasado el período de torturas, fue mejor tratado, permitiéndosele visitas de su esposa y de algunas otras personas. Un día se enteró de que su esposa estaba conviviendo con otro compañero de partido: obnubilado, llamó a la policía política y les informó todo lo que no reveló bajo tortura (gente amiga suya —del mismo partido— sufrió cárcel, clandestinidad, tortura e incluso muerte, a consecuencia de su acción).

Las emociones humanas —a menudo repentinas e impredecibles, sobre todo en situaciones traumáticas— pueden trastocar por entero nuestra percepción de la realidad, y, con ella, buena parte de nuestros valores, principios, costumbres y razones. Véase, si no, el renacer del nazismo en tantos países en este fin de siglo.

Parte de la tragedia del "cientismo" —de aquella idolatría de la ciencia— es su exagerada confianza en la razón humana ... como si la capacidad de examinar "fría, lógica y objetivamente" los hechos pudiese, por sí sola, descubrir el sentido de la existencia humana y señalarnos la ruta hacia la buena vida compartida. Desafortunadamente, las cosas no son tan sencillas: la razón humana no es tan poderosa, ni tan confiable, ni tan independiente de otras dimensiones de la existencia como quisieran los racionalistas más intolerantes (y hay muchos de éstos, hasta en bandos "opuestos"). Y, además, la razón no existe en abstracto, en el vacío, fuera de la realidad social concreta: existen modos concretos como diferentes culturas, en diferentes épocas, entienden y viven la capacidad humana de reflexionar, sacar conclusiones, plantear y resolver problemas, organizar medios en relación a fines, etc. Y en cada cultura, la manera de entender lo que en castellano llamamos "razón" varía y muda bajo un sinfín de influencias.

Esto no quiere decir que la razón "no exista", que sea "mala" o que debamos "prescindir" de ella. Simplemente quiere decir que —como muchas medicinas indispensables para la salud— a la razón hay que tomarla con moderación y cuidado, acompañada de otros elementos (si no, "su uso aislado y exagerado puede ser nocivo para la salud" ... tan nocivo como, por otra parte, una sobredosis de puro sentimentalismo, intuiciones o irracionalismo).

Me parece que una buena parte —quizá la mayoría— de las decisiones más graves que tomamos en la vida son decisiones en las que no sólo entra la razón. En las situaciones de mayor felicidad, como en las mayores tragedias, de poco o nada nos sirve la sola razón. Repetidamente experimentamos que en las cosas más importantes de la vida —además de y a veces hasta contra la razón— pesan mucho más las relaciones, tradiciones, emociones y creencias. A menudo nos hallamos —nosotros mismos y mucha gente con orgullo y fama de "racionales"— opinando o viviendo (a veces a escondidas) de maneras radicalmente opuestas a las que parece dictar la razón. Ante estas cosas, una fértil hipótesis de las ciencias humanas es, precisamente, que nuestros modos de sentir, pensar y actuar están enormemente *condicionados* —de manera *inconsciente*— por nuestras experiencias *afectivas*, sobre todo infantiles.

Algo de esto había sugerido en la sección sobre cómo la experiencia influye en nuestro conocimiento. Ahora quiero insistir sobre un aspecto específico del tema: el de la razón y sus relaciones con nuestra vida emocional, afectiva, sentimental. Lo que deseo con esto —quede muy claro— no es sumarme a la destructiva moda irracionalista de desprestigiar o atacar a la razón. No. Lo que deseo aquí es situar a la razón en una perspectiva más global y balanceada, en relación con el conocimiento, la comunidad y la persona.

Por una parte tenemos una *capacidad racional* —personal y colectiva— de salir de nuestras evidencias, ir más allá de nuestra particularidad, tomar distancia con respecto a nuestras propias razones y emociones, analizar críticamente nuestra conducta, colocarnos en la perspectiva de otra persona o comunidad y entrar en diálogo humilde con ella, romper el velo de costumbres y consensos engañosos, comparar, sopesar, evaluar, sacar conclusiones, etc. Sí. Esa capacidad es, con enorme frecuencia, útil para salir de atolladeros irracionales (por ejemplo, cuando temor, atracción, rabia o costumbre nos llevan a comportamientos destructivos, contrarios a nuestros propios valores, ideas, intereses y/o propósitos).

Por otro lado, empero, relaciones, sentimientos, valores, normas, e intereses son *dimensiones fundamentales de la existencia humana* que, a menudo, están por encima de la razón. Esas dimensiones tienen que ver con vínculos profundos —familiares, amorosos, comunitarios, nacionales, religiosos, étnicos, lingüísticos— que pueden, incluso, ser fuente de conocimientos difícilmente accesibles a la sola razón. Desde estos vínculos, además, puede tener un profundo sentido limitar y cuestionar ciertas pretensiones aparentemente "racionales". Recordemos aquel viejo adagio francés (¿de Blas Pascal, no?), según el cual "el corazón tiene razones que la razón no conoce".

Por ejemplo, la lucha de una comunidad por mantenerse en su viejo territorio (contra quienes desean expropiarlo para explotar una mina de uranio allí subyacente) puede parecer "irracional" desde algunas perspectivas: verbigracia, desde el punto de vista de la compañía privada que quiere el contrato del Estado para explorar el territorio; desde el ángulo de un Estado interesado en aumentar la riqueza minera nacional; desde la visión de un grupo de científicos deseosos de recursos para la experimentación en física nuclear; o desde la perspectiva de los desempleados de una ciudad vecina, ansiosos por encontrar nuevas fuentes de trabajo.

Para la comunidad amenazada de desalojo, sin embargo, esa lucha puede ser vivida como prioridad gravísima —de vida o muerte, incluso— que exige reconocimiento y respeto de los poderes externos a esa comunidad.

Muchas luchas y organizaciones económicas, políticas, religiosas y sindicales, de campesinos, indígenas y —en general— de grupos oprimidos (minoritarios o no) son con frecuencia, precisamente, resultado de vínculos, relaciones y necesidades que entran en conflicto con las exigencias supuestamente racionales de los más poderosos.

Tales dimensiones y relaciones —aunque relativamente independientes y por encima de la razón— no son necesariamente "irracionales", contrarias o ajenas a la razón. No: ellas son frecuentemente examinadas, reflexionadas críticamente y hasta influenciadas enriquecedoramente por nuestra capacidad racional. Pero la razón humana —como sugirieron Marx, Nietzsche y Freud— está siempre pronta a "racionalizar": es decir, a justificar como "racionales" conductas en realidad basadas en afectos, emociones e intereses difícilmente confesables (como el interés de riqueza, fama, poder, victoria electoral, afecto, etc., en dirigentes y movimientos que se presentan como altruistas y dedicados a causas "superiores").

Esto —entre otros factores— ha contribuido a la moda actual de un cínico irracionalismo individualista: "todo lo que yo quiera y pueda es válido; nadie tiene derecho a pedirme cuentas ni razones de ello". Me parece que allí —como en muchas otras instancias— la razón tiene un importante desafío al cual responder, reflexionando, por ejemplo, cómo toda nuestra vida es posible tan sólo gracias a las labores de *otros*, con quienes tenemos, por ende, comunicación, vínculo y responsabilidad ética irrenunciables. Claro que, de nuevo, nuestros valores, lealtades, sentimientos e intereses contribuirán a orientar y estimular esa capacidad crítica: no necesariamente en un "círculo vicioso", sino, ojalá, en una fértil dialéctica de interacción recíproca donde los vínculos y sentimientos profundos estimulen la actividad de la razón, y, por otro, la capacidad racional de pensar críticamente contribuya a superar las dinámicas afectivas que nos conducen a destruir a otros seres humanos y a nosotros mismos.

Conocimiento: reconstrucción imaginativa de relaciones

Tomemos una cosa cualquiera (por ejemplo, una planta) y analicémosla, tratando de conocerla a fondo y en detalle. Aparentemente, nuestra atención se dirige a un objeto aislado. Sin embargo, reflexionemos sobre lo que estamos haciendo: viendo formas, colores, tamaños; sintiendo olores, sabores, sensaciones táctiles; imaginando orígenes, procesos, resultados; clasificando, comparando, recordando, asociando, disociando. En algo tan simple como tratar de identificar una planta, entra de lleno —sin que nos demos clara cuenta— nuestra capacidad de *imaginar relaciones*.

Con frecuencia, conocer se entiende como capacidad *pasiva* de captar "apropiadamente" cosas *aisladas*. Una vieja e interesante teoría medieval, influida por Aristóteles, definía al conocimiento, precisamente, como "adecuación de la mente a la cosa"; y otra teoría, mucho más reciente (la de Lenin), definía al conocimiento como "reflejo mental de la realidad".

Quisiera proponer aquí, en cambio, la posibilidad de concebir el conocimiento como —entre otras cosas— *imaginación relacionadora*. El conocimiento no sería, pues, capacidad pasiva de captar aisladamente cosas "tal cual éstas son". Sería, más bien, una habilidad marcadamente *activa* de intervenir en la realidad imaginando relaciones entre los elementos que surgen de la experiencia (colectiva e individual) (⁴). Y, también, el conocimiento intervendría activamente en la realidad diseñando ensayos para ver hasta qué punto esas relaciones imaginadas son capaces o no de dar cuenta de la experiencia de lo real.

Es más, podríamos pensar que no existen propiamente "cosas independientes" a ser conocidas, sino que las "cosas" son "puntos de una red" de relaciones en la que estamos activamente implicados (y por eso podemos "captarlas" e interesarnos en conocerlas). Nuestras conexiones con la realidad —así como la realidad misma— están en constante cambio. Las cosas, pues, no "son" simplemente, ni son apenas "objetos" separados entre sí y de nosotros: las "cosas" *están siendo* en ligazón con nosotros. Y es en esa red dinámica de vínculos de la que *somos parte* donde creativamente intentamos imaginar cómo surgen y cambian tales lazos. Es también en esa red de la que participamos donde experimentamos nuestras teorías a ver si aun resultan interesantes, fértiles o provechosas.

Tendemos a —o al menos compartimos el deseo de—

conocer la realidad de una manera global, universal, radical y definitiva. Es más, quizá esa inclinación, esa aspiración, es lo que nos impulsa a *ir siempre más allá* de donde hemos llegado, a no contentarnos con lo que sospechamos que es de algún modo conocimiento parcial, parcializado, presuntivo y provisional. Es ese ímpetu el que mueve el afán investigativo y la creatividad intelectual propias de la humanidad. Empero, a veces creemos (quizá porque lo deseamos tanto y porque la búsqueda cansa) que ya hemos llegado: que ya logramos alcanzar el conocimiento global, universal, radical y definitivo (y que quienes piensan de manera diversa están equivocados y deben, por ende, ser educados, convertidos, restringidos, castigados o eliminados). Y allí es quizá más necesaria que nunca la conciencia de que no es así: de que la variedad, riqueza y metamorfosis de la realidad son infinitas e inagotables; de que la capacidad humana de conocer es, también, de una diversidad, exuberancia y variabilidad inmensas; de que lo que hay por aprender es, siempre, absolutamente más vasto e importante que lo que podemos enseñar; de que el conocimiento es parte de la vida y, como la vida, sólo se detiene (y quizás sólo en apariencia) con la muerte.

Ya sé que no es fácil pensar en estos términos cuando la manera como se nos enseña a pensar la experiencia cotidiana va con frecuencia en una dirección bien diferente (hacia "cosas" que "son" "fuera" de toda relación entre sí y con nosotros; donde "conocer" es ver las cosas "como son" sin modificar nada; y donde "verdad" es la descripción acertada e inmutable de cómo las cosas "son"). Pero este libro es, justamente, un intento de pensar el conocimiento de un modo más dinámico, abierto, relacional, crítico y creativo.

En verdad, cuando alguien habla del conocimiento como lo estamos haciendo, con frecuencia emerge una pregunta entre temerosa y acusadora: "¡Ah! ¡Entonces ¿todo es relativo?!". Yo diría, por ahora, que, en un cierto sentido, me parece que sí: si por "relativo" entendemos no estar aislado de lo demás, no bastarse a sí mismo ni existir por sí solo (es decir, no ser, por lo tanto, "absoluto", en el estricto sentido de este término), estar en relación con otras cosas y depender de tales relaciones. Si estamos de acuerdo en que nada existe aisladamente, que todo está vinculado a todo lo demás, en este sentido "todo es relativo". Yo agregaría que todo *conocimiento* es relacional: por una parte, en cuanto que todo conocimiento emerge a partir y a propósito de una experiencia, de una práctica en la que *nos vinculamos* con nuestro entorno y con nosotros mismos; por otra parte, porque conocer es siempre imaginar *lazos* entre diversos elementos de nuestra experiencia que queremos conocer; y, además, ya que todo conocimiento puede imaginar *otras* conexiones que las concebidas hasta entonces y ser cuestionado y transformado a partir de *otras* relaciones. Es decir: ni nos aislamos nosotros mismos del resto del cosmos para conocer, ni lo que conocemos está apartado de los demás elementos del mundo, ni nuestro conocimiento se elabora en el vacío. En este sentido, pues, yo diría que sí, que claro que todo conocimiento es "relacional" o "relativo".

Ahora bien, si por "relativo" entendemos lo mismo que "falso", "ilusorio", "engañoso" o "indiferente", entonces yo diría que *no* puedo aceptar que todo sea relativo. Para la comunidad que —en medio de una sequía— imagina y ensaya posibilidades de hallar agua en un cierto lugar, la encuentra, y logra salvar vidas suyas, tal conocimiento no es para nada "indiferente" (aunque al pasar el tiempo se agote el agua, la comunidad se mude y ese conocimiento deje entonces de tener relevancia). Para quien se reencuentra gozosamente con una persona amada a quien temía desaparecida, el conocimiento del amor entrambos no es en modo alguno "ilusorio" (aunque luego de muchos años ese amor se diluya y abra lugar al resentimiento, a la separación y hasta al odio recíproco). Para una familia que pierde casa, empleo, tranquilidad y estima bajo las políticas económicas de un nuevo gobierno no puede haber nada de "falso" en definir tales políticas como erróneas (aunque para la mayoría de sus compatriotas las cosas sean muy distintas). En fin, para una comunidad indígena que ha logrado combatir exitosamente una cierta enfermedad durante generaciones, no hay nada de "engañoso" en el conocimiento que comparten acerca de las virtudes curativas de ciertas hierbas locales (aun cuando los libros de la medicina oficial presenten ese conocimiento como "superstición").

Conocimiento relativo, pues, no tiene que significar conocimiento que "da lo mismo que sea verdadero o falso": ciertos conocimientos son radicalmente vitales, cruciales y urgentes (para una comunidad o una persona), aun cuando sean conocimientos pasajeros, incompletos, interesados y enormemente conjeturales. Otros conocimientos, en cambio, por más permanentes, detallados, desinteresados y fundamentados que sean, a veces dejan a la mayoría de la gente totalmente apática —quizá, precisamente, porque éstos no se relacionan con las necesidades e intereses más apremiantes de una comunidad ... ¡al contrario, tal vez, de los primeros!

El conocimiento de lo que (aun) no es

Estamos acostumbrados a que el conocimiento lo es *de la realidad*, es decir, de lo que existe o existió realmente. Al menos a primera vista, parece absurdo hablar del conocimiento de lo que nunca ha existido, ¿cierto? Sin embargo, muchas formas del conocimiento humano —incluidas allí todas las ciencias— trabajan frecuentemente sobre lo que nunca ha existido.

A menudo escuchamos que el prestigio de las ciencias

modernas se debe a dos cosas: su "poder de predicción" y su contribución a la fabricación de inventos sumamente útiles. Pero, ¿qué son las predicciones de la física, la química, la meteorología, la astronomía y la geología? Y, en general ¿qué son las predicciones? Son afirmaciones sobre *lo que aun no ha sido* pero que —se supone— será en el futuro, al menos bajo ciertas condiciones. Es claro que las ciencias no siempre aciertan sus predicciones: por eso se revisan muchas teorías y otras caen por tierra, se repiten o critican ciertos experimentos, pero —hasta ahora— eso no ha servido para desanimar los esfuerzos predictivos de los científicos (al contrario: eso sirve de estímulo para continuar investigando sin detenerse).

¿Y qué son los inventos sino artefactos —teóricos o materiales— que nunca existieron antes, pero que fueron "conocidos" *antes de existir* en la imaginación creadora de sus inventores?

Cuando sostenemos que las cosas pueden ser de otra manera, cuando nos empeñamos en educar a nuestros hijos de forma diferente a todas las sabidas, cuando construimos una nueva teoría acerca de algo, cuando tomamos las previsiones necesarias para una posible inundación en el invierno, cuando inventamos una nueva solución para un viejo problema, en todos estos casos estamos afirmando y ejercitando la capacidad humana de conocer lo que nunca ha sido, lo que aun no es.

Hay comunidades que viven problemas cada vez más agudos y devastadores, para cuya solución parecen inservibles muchos de los conocimientos predominantes. Allí quizá sea más importante y urgente que en otras circunstancias el ejercer y desarrollar esa capacidad de conocer lo que todavía no es ni ha existido nunca antes: capacidad de imaginar creativamente, en base a la experiencia, qué cosas sean factibles de entre las cosas deseables y que nunca han sido. De esa capacidad es que se nutren los ideales y utopías que posibilitan cambios, descubrimientos e invenciones.

También, desafortunadamente, de la afirmación dogmática de algunas utopías como ineludibles y obligatorias han surgido políticas de terror y exterminio: la de las coronas europeas en África y América, la de Stalin en la Unión Soviética, la de Hitler en Alemania y alrededores, la de los E.U.A. en Vietnam e Irak, la de Pol Pot en Camboya, y, más en nuestros días, la del Banco Mundial y el Fondo Monetario Internacional en África, Asia y América Latina. Al mismo tiempo, lo que esas utopías más han temido es el conocimiento de lo que nunca ha sido todavía: el sueño compartido de un amanecer después de esa real pesadilla.

Lo que "no es", lo que "no existe", no es algo simple; es un "saco" donde entran muchas cosas muy diversas: lo que fue, lo que no volverá a ser, lo olvidado, lo que no queremos ver, lo temido, lo odiado, lo anhelado, lo que creemos imposible, lo que parece a punto de advenir, lo que tratamos de dar a luz, lo que sospechamos que va a costar mucho esfuerzo ... y tantas cosas más. El conocimiento —sugiero como hipótesis— se construye, también, con esa materia prima, y no sólo con la experiencia material directa de lo que ya existe.

Con esto tiene mucho que ver una interesante tradición religiosa —detectable en ciertos filones del judaísmo, del cristianismo y del budismo— usualmente denominada "teología negativa". Según esta tendencia, no podemos conocer lo que Dios es, sino sólo lo que *no* es: el conocimiento de la trascendencia, de la divinidad, sólo puede proceder por negaciones, exclusiones y disociaciones, jamás por afirmación. Esta corriente parte de una actitud profundamente humilde ante lo sagrado en la vida y en el cosmos: la realidad del Espíritu es mucho más rica, honda, variada y dinámica que lo que el entendimiento humano es capaz de captar y que lo que el lenguaje humano puede significar. Por ende, al conocimiento teológico le queda —aparte del camino místico del silencio contemplativo y el artístico de la metáfora— la vía de imaginar reflexivamente lo que Dios no es.

Quisiera cerrar este punto subrayando que la inmensa mayoría de los matemáticos contemporáneos entienden las matemáticas no como conocimientos "exactos y definitivos", sino más bien como obras del ingenio creativo humano. Capacidad de ese ingenio humano —presente también en las matemáticas— es imaginar lo que no es y proponerlo para que, de algún modo, se torne real.

Conocer como pre-juicio, re-conocimiento y co-nocimiento

Voy a sugerir otra manera de repensar el tema del conocimiento, muy relacionada con algo que dijimos antes: que la mayor parte de lo que sabemos no lo alcanzamos por experiencia directa nuestra, sino por *experiencia ajena comunicada*.

Cuando Germán fue, exiliado, a estudiar a París, le pareció que los empleados eran sumamente rudos y antipáticos. Cada vez que entraba a una tienda u oficina y se encontraba frente a un funcionario atareado que no parecía haberlo visto llegar, Germán le daba los buenos días en su mejor francés y de la manera más cortés posible. Sistemáticamente, tales dependientes lo trataban grosera y bruscamente. Comentando el hecho con Marlene —también exiliada y con más años en París—, ésta le dijo lo siguiente: "A mí me pasó lo mismo al principio. Un día, en una larga fila en el correo, me puse a observar el trato de clientes y funcionarios y me pareció descubrir lo siguiente: cuando un cliente saluda *antes* de que lo haga el funcionario, el empleado se siente interrumpido, apremiado y menospreciado por el cliente. Ese funcionario ve al cliente como descortés y maleducado (así el cliente le hable suave y risueño), y contraataca para defenderse y afirmar su dignidad ... el truco está en esperar que el empleado dé *primero* los buenos días". Germán probó el "truco" varias veces y se maravilló de los óptimos resultados del mismo.

En la vida real, cotidiana, funcionamos en base a una serie de pre-juicios: juicios previos a toda experiencia directa de lo que juzgamos. Percibimos y juzgamos lo desconocido, en general, a partir de lo ya conocido (y, a menudo, lo que vemos como realmente nuevo y *diferente*, lo clasificamos inmediatamente como "malo" o "bueno", no como sencillamente *distinto*). Muchos de nuestros pre-juicios son "heredados", recibidos del ambiente, de la generación precedente o de los medios de comunicación.

De hecho, el conocimiento humano no se construye sobre un vacío, no empieza nunca "a partir de cero". Desde que comenzamos a experimentar el mundo alrededor nuestro —probablemente desde el propio útero materno— recibimos un mundo pre-fabricado, preconstruido: un mundo y una imagen del mundo *dentro* de los cuales nos situamos y *desde* los cuales percibimos cualquier novedad. Por ello, conocer es siempre, de cierto modo, memoria, recuerdo, remembranza, re-conocimiento: si algo se parece a lo ya conocido, lo re-conoceremos, imaginaremos y clasificaremos como familiar, como cosa sabida (y nos comportaremos ante ese "algo" como, por experiencia —directa o comunicada—, ya aprendimos que "debemos" comportarnos). Si, por el contrario, experimentamos algo que nos cuesta re-conocer, es posible que lo identifiquemos con alguna otra cosa extraña que vivimos en el pasado (y actuemos en consecuencia); pero es también factible que esa experiencia estimule nuestra curiosidad e inventiva, dando origen a una manera nueva —en parte al menos— de ver la realidad.

Decir que el conocimiento es siempre, de alguna manera, pre-juicio y re-conocimiento, es señalar, una vez más, que conocer no es labor meramente individual: es siempre, también, *un trabajo comunal*, una faena colectiva. Por eso me gusta jugar con la palabra y decir que conocimiento es siempre co-nocimiento: sabiduría conseguida a partir del esfuerzo *común* de una multitud de generaciones y pueblos. Conocemos desde dentro de un mundo, una mentalidad y un lenguaje heredados del pasado. Aunque nuestro conocimiento se dirija *contra* ese mundo, esa mentalidad y ese idioma heredados del pasado, éstos seguirán siendo materia prima, punto de partida y referencia constante de todo conocimiento nuestro.

Conocemos, además, en diálogo con nuestros semejantes. Los problemas que nos planteamos, los conceptos en que los expresamos, los procedimientos a los que recurrimos, la manera como los comunicamos, las respuestas que esperamos ... todo ello es parte del mundo que otros construyeron y que nosotros heredamos. El conocimiento es posible gracias al trabajo previo de miríadas de semejantes. Con ellos sostenemos una conversación constante que puede ser pública, consciente y solicitada, pero que también puede tomar la forma del monólogo interior inconsciente, observando ciertas "reglas del juego" —fruto de generaciones— que sobrepasan la pura individualidad. Conocer, pues, es co-nocer: intentar en común entender lo que nos interesa de nuestra común realidad.

El conocimiento como des-conocimiento y exageración

Hace años, una amiga a quien yo le hablaba sobre la necesidad de ser ecuánimes y serenos al querer conocer nuestra realidad, me pidió imaginarme la situación siguiente. Estamos en un teatro, de noche, asistiendo a la presentación de una película muy controversial. Hay otras 500 personas, por lo menos, en la sala. Súbitamente, mirando al suelo, bajo el asiento de un espectador que acaba de levantarse, una persona nota lo que parece tener todas las características de una bomba de tiempo. ¿Qué hace? ¿Examina el objeto calmadamente, "ecuánime y sereno", antes de osar emitir una opinión al respecto? ¿Espera con calma una situación más propicia para ocuparse del asunto y, entretanto, vuelve a concentrarse en la película? ¿Toma distancia "objetiva, fría y racionalmente" del asunto, reconociendo que ése es tan sólo un objeto entre millones, al que no hay por qué darle mayor importancia? ¿Pone el valor de su propia vida "entre paréntesis" y reconoce que, total, el conocimiento objetivo no tiene nada que ver con las acciones y decisiones humanas?

¡No! —reconocí. Cualquiera en su sano juicio trataría que —aunque fuese a gritos y carreras— la multitud abandonase cuanto antes el recinto, so pena de que esa cosa explote y los mate a todos. Y a quien se le ocurra pedir —en nombre de la "ecuánime y serena objetividad científica", por ejemplo— que nos quedemos en nuestras sillas para discutir el asunto desde varias perspectivas y tomando en cuenta la riqueza infinita de lo real (más allá de nuestras vidas y nuestras bombas) ... ¡lo mandaremos al manicomio mientras corremos por nuestro pellejo!

Conocer es algo que, con frecuencia, sólo es posible si subrayamos, enfatizamos, resaltamos —es decir, si *exageramos*— una mínima parte de la realidad misma. Más aun: ante realidades cruciales y urgentes para una comunidad o persona, conocer requiere concentración y premura, ocupándonos casi que exclusivamente de lo que parece grave y decisivo. En tales casos, la actitud "ecuánime, tolerante y sosegada" puede equivaler, simplemente, al suicidio: tal fue el trágico destino de muchas comunidades indígenas en América y África, de muchos judíos en la Europa del nazismo, de socialistas democráticos en Hungría en 1956, de habitantes del barrio San Miguelito en Ciudad de Panamá durante la invasión estadounidense de 1989 ... ¡y paremos de contar!

Igualmente acontece cuando topamos con algo novedoso e importante —o con algo ya sabido pero que súbitamente adquiere magnitud decisiva. En esos casos tendemos, muchas veces, a no hacer caso, a no prestar atención a ese desafío. Ahí —para llamar la atención de otra gente y estimularla a participar del esfuerzo de conocer la novedad y actuar en consecuencia— se hace necesario *exagerar*, recalcar, gritar a los cuatro vientos lo que por "viejo" o "absurdo" tiende a permanecer invisible.

En estos y otros sentidos, conocer es también *des-conocer*, ignorar, pasar por alto buena parte de la realidad. Cuando exageramos, enfatizamos y gritamos a los cuatro vientos un aspecto cualquiera de la realidad, al mismo tiempo, a sabiendas o no, distraemos la atención de otros aspectos. Cuando construimos una teoría, descuidamos un número infinito de otras posibles teorías acerca de lo mismo. Cuando investigamos algo, dejamos de investigar y de prestar atención a miles de otras cosas y relaciones que pueden estar presentes delante de nuestros ojos. Al darle importancia a una dimensión de lo real, querámoslo o no, se la quitamos y negamos a otras dimensiones. Para concentrar nuestros sentidos en un punto de lo real, tenemos que hacer como si el resto de la realidad no existiese.

Así funciona, al parecer, el conocimiento: ello tiene ventajas, riesgos y también aspectos de poca importancia —según las circunstancias en las que se ejerza. Conocer, pues, es también des-conocer, ignorar, pasar por alto, generalmente de modo automático, espontáneo, inconsciente —pero a veces, también, de manera sistemática y deliberada.

En el fondo: si nos obstinásemos en captarlo "todo" desde "todas las perspectivas posibles" no sólo no veríamos *nada*, sino que enloqueceríamos o quedaríamos paralizados para la *vida* (y no nos bastarían ni mil vidas para empezar a ver "algo"). Para poder percibir "algo" es preciso *des-conocer* activamente "todo el resto", al menos provisionalmente. Y para poder actuar, para vivir, es también necesaria esa "ignorancia activa".

Por otro lado, empero, esa necesidad de "reducir" la realidad para poder ver "algo", puede cegarnos ante otro hecho tanto o más vital según las ocasiones: *que nuestro desconocimiento es siempre infinitamente mayor que nuestro conocimiento.* Reconocer esto puede ayudarnos a ser menos arrogantes, dogmáticos, intolerantes o cerrados. Y puede estimular constantemente nuestra curiosidad, o llevarnos a la inacción, o al cinismo. Depende. Y depende de cosas que van más allá del tema de estas páginas: de cosas como nuestra niñez, nuestros valores, nuestros afectos y la gravedad de nuestras necesidades actuales.

El conocimiento en constante transformación

Los occidentales —por motivos que no logro entender muy claramente— compartimos, a menudo y entre otros, un prejuicio que puede dificultar la lectura de estas reflexiones.
Ese prejuicio es que lo bueno, verdadero, justo y bello sólo son tales si son universales, eternos, inmóviles y perfectos. Pero la vida es cambio, mutación, nacimiento y muerte constantes. Quizá por esto inventamos otro prejuicio, el del progreso (llámesele evolución, desarrollo, dialéctica o lo que se quiera): según este prejuicio, sólo es realmente bueno, verdadero, justo y bello lo que avance hacia una universalidad perfecta, inmóvil y eterna. Mas como las crisis, ambigüedades y heterogeneidad de la vida tampoco encajan en el mito del progreso, muchos occidentales parecen justificar ahora con eso una onda de pesimismo, cinismo y basto egoísmo (o de un optimismo —mezclado con egoísmo y cinismo— que osa afirmar que estamos entrando ya en el fin y la perfección de la

historia).

¿Por qué nos costará tanto —a mucha gente— pensar todas esas cosas (belleza, verdad, bondad y justicia) como plurales, variadas, cambiantes, relacionales ... *vivas como la vida misma*?

Pues a eso voy, en cuanto al conocimiento. Quisiera proponer que veamos al conocimiento como múltiple, heterogéneo, dinámico y en relación: *¡vivo, pues, como parte que es de la propia vida!*

En particular, quiero sugerir ahora que el conocimiento humano es una actividad en constante transformación. No quiero decir con esto, en primer lugar, que el conocimiento "debería" mudar reiteradamente (sólo después, casi en último lugar, voy a proponer algo en ese sentido): no, lo que deseo es indicar que en la vida real de las diferentes sociedades, actividades, disciplinas y teorías de las que tenemos noticia, parece que, *de hecho*, el conocimiento humano está en mutación incesante, lleno de dinamismos, variedad, conflictos y novedades.

Tampoco insinúo —en segundo lugar— que el conocimiento evoluciona, progresa o se acumula constantemente. (Y sospecho que esto va a escandalizar a más de una persona que lea esa frase). Lo que apunto es algo más sencillo: que el conocimiento humano se modifica continuamente (no necesariamente para mejor ni para peor ni para lo mismo: simplemente *cambia*).

Me parece claro, sí, que en algunas sociedades, épocas y aspectos, hay una búsqueda de conocer más a fondo y lograr un mayor control de la realidad circundante. Cuando esto se logra, pienso que allí podemos decir que, en un cierto sentido al menos, hubo una cierta evolución, progreso y acumulación de conocimientos. En ocasiones, incluso, se da el que un conjunto más o menos grande de sociedades, por períodos más o menos largos, comparten un cierto desarrollo del conocimiento de ciertos aspectos de la realidad; pero esto es más bien raro, y, por lo general, no pasa de un par de generaciones y de un porcentaje pequeño de la humanidad toda.

Creo importante subrayar, empero, que el "progreso" —del conocimiento, de la ciencia, de la técnica— es siempre limitado a unas generaciones, a algunas comunidades humanas y a unas cuantas dimensiones del ámbito al que nos refiramos. Me parece importante tener conciencia de esto, pues ello puede ayudarnos a preservar una actitud abierta y humildemente respetuosa ante las posibles facetas negativas de lo que tendemos a ver como progreso. Después de todo, siempre es posible que al mismo tiempo que se da progreso en un aspecto, en otros puede darse estancamiento o retroceso. Y, también, es siempre factible que lo que representa progreso para una comunidad (o a corto plazo) pueda traer daños para otra comunidad (o para la misma, a mediano o largo plazo).

Podría decirse que —en la medida en que ninguna sociedad alcanza una satisfacción permanente y completa de todos y cada uno de sus miembros— la humanidad toda comparte un deseo constante de mejoramiento, de avance. Esto podría indicar que la humanidad tiende universalmente al progreso, tanto en el aspecto del conocimiento como en el de la técnica. Desafortunadamente, el único "progreso universal" que conocemos hasta ahora ha sido el definido e impuesto por imperios a sus colonias alrededor del globo: la destrucción —el genocidio— usualmente ha precedido y acompañado ese mismo "progreso", al punto que se puede decir que, entonces, más universal aun ha sido el retroceso.

Además: a muchos períodos de evolución, progreso y acumulación de conocimientos frecuentemente suceden períodos de disputas, multiplicación de nuevas teorías y radical alteración de la manera de ver el mundo.

Así, los expertos europeos en ciencias de la salud del

siglo pasado veían la medicina tradicional campesina e indígena como charlatanería primitiva. Los expertos de hoy en esas mismas ciencias en el Atlántico norte ven a sus colegas del siglo pasado poco menos que como carniceros torpes e ignorantes. Y ya en este fin de siglo —gracias a sicoanálisis, ecología, feminismo, democracia, información, migraciones y apertura al saber médico campesino e indígena— somos muchos a evaluar críticamente la destructividad y el dogmatismo "cientistas" de la medicina moderna.

De lo que se trata entonces, pienso, no es simplemente de un progreso lineal, universal y global del conocimiento humano. No, Las cosas son —creo— mucho más ricas, complejas y ambiguas que lo que sugiere ese mito cientista del progreso. No estoy proponiendo con esto una actitud negativa, pesimista ni cínica con relación a la esperanza humana de progreso cognoscitivo, técnico y moral. No, por el contrario: lo que sugiero es, precisamente, que una actitud abierta, humilde y autocrítica en este campo —y en otros— es lo que puede estimular constantemente curiosidad, creatividad, investigación, rectificación (y por lo tanto un cierto avance) de nuestros esfuerzos de conocimiento. Lo que insinúo es que la conciencia de las limitaciones, ambigüedades y riesgos de todo progreso puede ayudarnos —muchísimo más que una ingenua fe en el progreso científico-técnico— a prever, evaluar y corregir a tiempo muchas de las potencialidades destructivas (de explotación económica, ecocidio, armamentismo, colonialismo, etc.) presentes en todo desarrollo del conocimiento y de la técnica.

En este sentido, no soy partidario de una "unificación" del conocimiento humano: más bien aprecio hoy la apertura a una pluralidad de formas de conocimiento —no simplistamente "complementarias", sino mutuamente desafiantes, cuestionantes, transformantes y enriquecedoras. Pienso que el diálogo respetuoso entre múltiples maneras de concebir el mundo, la vida y el progreso mismo puede ser más esperanzador que el sometimiento a una sola manera de ver las cosas. Pero, ¿significará esto un verdadero "progreso" para toda la humanidad? Está por verse, ¡ojalá!: depende de todos y cada uno de nosotros ... y quizá exige, previamente, un verdadero desarme mundial (pues pocas posibilidades de diálogo hay cuando una o varias de las partes tienen armas con las cuales imponer su perspectiva y/o exterminar a otras partes en juego).

Después de todo, si la realidad misma está en continua metamorfosis, si los puntos de vista sobre la realidad proliferan y estimulan debates incesantes, si cada "respuesta" que se propone para un antiguo problema provoca el surgimiento de varias nuevas preguntas, si nosotros mismos —la gente que vivimos, amamos la vida y nos interrogamos acerca de ella— cambiamos constantemente, ¿Cómo íbamos a esperar que nuestro conocer fuese diferente?

Otra manera de ver el tema de la verdad y el error

Me contó una amiga estadounidense, hace un par de años, el siguiente cuento. Pilotando a solas un avión en emergencia, una mujer se lanza en paracaídas sobre un bosque totalmente desconocido para ella. Al caer, queda colgando de un árbol, prácticamente imposibilitada de bajar a terreno firme. Después de varias horas en esa condición, divisa, abajo, a varios metros de distancia, un hombre elegantemente trajeado que camina por el bosque. Desesperada, le grita: "¡Hey! ¡Por favor, señor! ¡Mire, aquí arriba! ¡Dígame, ¿dónde estoy?!" El caballero, sorprendido, voltea hacia lo alto y le responde: "Pues ... ¡colgada de un árbol!" "¿Es usted teólogo?" —le pregunta la aviadora. "Sí, señora, ¡¿cómo lo supo?!" "Por su respuesta, señor: absolutamente verdadera, pero perfectamente inútil".

La anécdota, sin duda, puede contarse de muchas

profesiones, según las circunstancias. Hay quienes dicen, por ejemplo, que las mentiras son de dos tipos, las "de verdad" y las estadísticas (éstas últimas hablando siempre de lo que le acontece "al promedio", pero que, al parecer, no le sucede a nadie en realidad).

Lo que quiero sugerir es que este asunto de la verdad (y de su opuesto, el error) no es nada simple. Por una parte, una cierta tradición intelectual occidental —dualista y autoritaria— nos ha enseñado a pensar la verdad como radicalmente incompatible con el error, sin términos medios entre una y otro. Además, esa tradición nos ha entrenado para que concibamos la verdad como algo principalmente intelectual, mental, cerebral: que se refiere a la realidad y se expresa en palabras, pero —curiosamente— no es afectada por los procesos cerebrales, ni por los cambios de la realidad, ni mucho menos por la variedad cultural y lingüística. Según esa perspectiva, "la verdad" sería la misma para todo el mundo (de cualquier época, lugar, edad, sexo, raza, cultura, lengua, religión y condición física, emocional o económica), fija, eterna e independiente casi que de cualquier cosa. Tal concepción de "la verdad" me parece característica, sobre todo, de imperios interesados en (y capaces de) someter a otras sociedades a su propia manera de vivir y pensar, a su "verdad".

Entretanto, muchos aspectos de la experiencia de los últimos siglos hacen cada vez más difícil pensar la verdad de esa manera. Por ejemplo, la información sobre culturas —vivas y pasadas— que ven la realidad de miles de maneras radicalmente diferentes unas de otras; las grandes mutaciones y múltiples críticas sufridas por prácticamente todos los grandes sistemas de pensamiento conocidos; la multiplicación de disciplinas, teorías y creencias en constante conflicto, compitiendo por el sostén y la lealtad de la mayor cantidad posible de ciudadanos; la rebelión de pueblos y sectores oprimidos que reivindican el derecho y el respeto a su propia manera de vivir, pensar, hablar y morir. Todo esto hace extremadamente difícil reducir el problema de "la verdad" a fórmulas sencillas.

Quizá, de nuevo, falta aquí un poco de humildad autocrítica y de expansión de los horizontes de nuestro pensamiento. ¿Por qué pensar en "la verdad" —singular, abstracta, solitaria— y no más bien en "verdades" que brindan sentido a vidas concretas de comunidades y personas muy variadas? ¿Por qué no concebir las "verdades" como ligadas a la búsqueda de la buena vida compartida: surgidas, pues, de exigencias prácticas y emocionales y no sólo del intelecto? ¿No podemos acaso imaginar las "verdades" como esfuerzos radicalmente *necesarios* —pero falibles, finitos y provisionales— que cada comunidad humana realiza, en sus concretas circunstancias, para articular y comunicar la percepción de su propia realidad? ¿No podríamos entender que esos esfuerzos no son "indiferentes" ni "ilusorios" —son absolutamente graves, urgentes y decisivos para la vida de cualquier comunidad humana— y, sin embargo, no son universales, ni eternos, ni fijos?

Si replanteamos así el problema de la verdad ¿Podríamos admitir que las "verdades" son —al mismo tiempo— profundamente cruciales y, sin embargo, particulares, variables y perecederas (como nuestras propias vidas, familias, instituciones ... como nuestros mapas todos)? ¿Conseguiríamos introducir entre "verdad" y "error" una infinita gama de posibilidades intermedias? ¿Concederíamos, por ejemplo, que la vida está llena tanto de "verdades" inútiles como de fértiles "errores"? ¿Nos haríamos más capaces de ver las "verdades" como teniendo una vida insuflada por —y ligada a— las comunidades para cuya vida esas verdades tienen y brindan significado y sentido? ¿Podríamos imaginar entonces que hay infinitas verdades e infinidad de maneras de pensar y expresar cada una?

¿Llegaríamos incluso al humilde respeto —como buena parte de nuestras comunidades indígenas, muchas tradiciones religiosas orientales y algunas ramas del judaísmo antiguo y moderno— de verdades distintas a las nuestras y del derecho a decir las nuestras de mil maneras diversas? ¿Alcanzaríamos a ver esas distintas verdades y maneras no como mejores ni peores ni iguales ni indiferentes, sino igualmente humanas (¿igualmente divinas?) y profundamente *diferentes*? ¿Nos situaríamos en esa perspectiva —humilde, abierta, pluralista, respetuosa y solidaria— sin sumirnos en la sensación de que todo pierde valor y sentido? ¿Podríamos, al contrario, apreciar aun más hondamente el valor y el sentido de culturas, tradiciones, creencias, valores y *conocimientos* —propios o diferentes? ¿Podríamos, incluso, abrirnos dialogalmente a la fecundación recíproca con comunidades que comparten verdades diferentes a las nuestras? ¿No sería así más generosa la vida? Lástima que tantos siglos de intolerancia armada por parte de las potencias coloniales hayan hecho tan difícil para los poderosos y tan peligroso para los oprimidos el entrar en verdadero diálogo (humilde y desarmado). Tal vez el único modo de comenzar a romper ese círculo vicioso sea prosiguiendo el diálogo entre quienes ya están desarmados: pueblos y sectores oprimidos.

La unidad y la distinción de conocimiento y realidad

Omaira llegó un viernes a Mérida para su nuevo empleo. El sábado se instaló en el apartamento de unas amigas. El domingo se fue a averiguar cuál era el camino más corto entre su casa y la empresa: 7 minutos, bueno, ¡domingo sin tráfico! Prudentemente, salió de casa el lunes, en su auto, a las 7:30 —media hora antes de entrar a la oficina— tratando de ir a la máxima velocidad permitida. En vano: llegó a las 8:02 ("siempre es así por las mañanas", le comentó un colega, "el tránsito se pone imposible"). Inconforme, Omaira probaba una vía distinta cada mañana. Al fin, tras diez días de ensayos, descubrió una ruta por las afueras —dos veces más larga que la original, casi solitaria, silenciosa y sombreada por árboles— por la que podía llegar en menos de 20 minutos a la oficina ("no siempre la ruta más corta y fácil es la mejor", me comentó luego).

Un mes más tarde, en una reunión de trabajo en un penthouse del centro de la ciudad, Omaira miró hacia la calle y reconoció su ruta original. En las esquinas, los choferes que iban por las avenidas —queriendo llegar lo antes posible a su destino— le negaban el paso a quienes venían por calles laterales, con lo que el tráfico se atascaba y terminaba yendo mucho más lento de lo necesario. "Curioso, precisamente por cada quien tratar de llegar más rápido a su meta," concluyó Omaira, "todo el mundo va mucho más lentamente y llega más tarde... quién sabe si la cosa cambiaría si todos la viésemos un día desde este balcón".

Esa experiencia y esas reflexiones de Omaira me parecen útiles para introducir el tema de las relaciones entre conocimiento y realidad. Déjeseme aconsejar, para entrar en materia, que pensemos conocimiento y realidad ("sujeto" y "objeto") no como cosas separadas, pero tampoco, simplemente, como "una y la misma cosa".

La imagen de la realidad —el mapa— que nos hacemos para guiar nuestra conducta la construimos al calor de nuestra experiencia de la realidad misma: los "choques" con los hechos nos forzarán a menudo a incluir, resaltar, minimizar o descartar aspectos de nuestro "mapa" de la misma. Pero muchos de esos "choques" tienen que ver con nuestra subjetividad (nuestros valores, prejuicios, etc.): construimos la realidad, siempre, en relación con lo que nos afecta, interesa, atrae o intimida en ella. Dicho de otra manera, la realidad que conocemos es, sí, en un cierto sentido, "objetividad" que existe independientemente de nosotros. Mas yo insinuaría que sólo la conocemos *en cuanto que nos afecta e interesa*: es decir, en un cierto sentido, en cuanto pasa a formar parte de nuestra "subjetividad". Mientras yo siga convencido que el mejor camino entre dos puntos es el más corto, muchos otros caminos posibles seguirán sin existir para mí (y si soy Secretario de Obras Públicas de mi ciudad, muchos otros caminos posibles no existirán mientras visiones como la mía predominen en cargos como el mío).

Esa sería una primera idea en cuanto a la diferenciación y a la vinculación de conocimiento y realidad: la única realidad que existe para nosotros es la que nos interesa conocer porque de alguna manera nos afecta. Lo que *no* nos afecta "no existe" (para nosotros) ¡hasta que nos sintamos tocados por ello!

Pero, por otra parte, captar la realidad de una cierta manera —y no de otra— nos lleva a comportarnos activa y efectivamente de ciertos modos (y no de otros). Y nuestra conducta es *real*, parte de la realidad y modificadora de la misma. Mientras yo siga convencido que el mejor camino entre dos puntos es el más corto —y que la mejor manera de recorrerlo es de prisa y sin cederle paso a nadie— seguiré contribuyendo a un mayor desgaste de tiempo y energía, más contaminación, agresividad, problemas médicos y económicos en mi ciudad. Análogamente, ver la naturaleza como fuente "externa" e inagotable de "materias primas" para satisfacer necesidades *humanas*, por ejemplo, puede contribuir a la destrucción de la capa de ozono, la desaparición de muchas especies vegetales y animales, graves cambios climáticos y problemas de sequías, inundaciones y agotamiento de recursos naturales.

En tal sentido, quiero proponer una segunda idea para meditar. Conocer no es simplemente un esfuerzo intelectual "acerca de" la realidad: conocer es una *acción real*, parte de la realidad, efectuada "dentro" de la realidad y con consecuencias reales, transformadoras de la realidad. O, en otras palabras, una realidad conocida de una manera es *otra realidad* que la "misma" realidad conocida de otro modo. Quizá estas ideas son más "verdaderas" hoy —y en cuanto a nuestro modo de vivir hoy en la tierra— que un siglo atrás.

Una Síntesis del Asunto y Una Propuesta De Redefinición

Hemos tocado —un poco de prisa, a ratos quizá superficialmente— varios temas gruesos dentro de la problemática general del conocimiento. Hemos hablado de las ciencias, la verdad, la razón, el papel de los sentimientos en el conocimiento, diferentes aspectos de la relatividad del conocimiento, y, en fin, de una faceta de las relaciones entre conocimiento y realidad. Hemos anotado algunas críticas a ciertas visiones hoy predominantes en esas áreas y hemos sugerido posibles líneas de reflexión alternativa acerca de esas mismas dimensiones. Ojalá que, al menos, eso sea suficiente alimento para la sorpresa, curiosidad, meditación, reflexión crítica y discusión abierta por parte de quienes lean estas líneas.

Ahora, para cerrar esta quinta parte, quisiera proponer una redefinición del conocimiento a la luz de todo lo que hemos visto e insinuado. No sé si servirá para algo: las "penúltimas palabras" (pues no hay últimas mientras halla humanidad viviente) las dirán quienes lean, discurran y conversen estas cosas.

Primeramente, propondría concebir al conocimiento como reconstrucción "mental" de relaciones "reales". *Re*-construcción: conocer es tarea efectuada desde dentro de una visión de la realidad heredada de y compartida por al menos una parte de nuestros semejantes (realidad "pre-fabricada" que es el punto de partida, la materia prima y el ambiente dentro del cual re-conocemos la realidad). Re-*construcción*: conocer no es "copiar" la realidad, no es "adecuación del intelecto a la cosa". Es producción humana activa y creativa de imágenes, visiones, concepciones o "mapas" de la realidad. *Reconstrucción* de la realidad: el conocimiento no es reproducción simple de la realidad, sino, más bien, selección activa y reorganización creativa de elementos de la experiencia de lo real. Reconstrucción *mental*: en el sentido de que es "en" la interioridad, en la "subjetividad" comunal y personal, que se elabora y se "asienta" el conocimiento como reconstrucción de lo real. Reconstrucción "mental" *de relaciones* reales: porque no son "cosas", "objetos" aislados lo que principalmente reconstruimos al conocer; lo que reconstruimos "mentalmente" al conocer son, más bien, vínculos y redes de ligazones de los que formamos parte (los "objetos" serían como "nudos" de esa red, donde se entrecruzan varias relaciones a la vez). Reconstrucción "mental" de relaciones *reales*: no es por mero capricho abstracto, sino por "tropezarnos" con relaciones que nos tocan, nos interesan, nos afectan y llaman nuestra atención, que nos vemos entonces forzados a producir "mapas" de la realidad (es decir, conocimientos).

Más allá, yo plantearía considerar todo conocimiento como si fuese una reconstrucción fragmentaria, interesada, imaginaria y transitoria (de la realidad). Reconstrucción *fragmentaria* o parcial: lo que conocemos son siempre "pedazos" de la realidad, hallados en nuestra experiencia y en la de nuestros semejantes (lo que des-conocemos es quizá infinitamente mayor que todo lo que podríamos llegar a conocer o imaginar, incluso colectivamente).

Reconstrucción *interesada* o parcializada: lo que conocemos lo captamos siempre desde un conjunto de intereses, prejuicios, valores, lealtades, emociones, sentimientos, afectos, vínculos, aprensiones, tradiciones, hábitos, sueños y proyectos. Éstos orientan y limitan tanto nuestra atención (lo que miramos) como la escogencia de perspectivas, interlocutores, temas, métodos y recursos (cómo lo miramos). Podemos, sin duda, re-flexionar críticamente sobre ese "mirar interesado", en interacción dinámica y creadora con éste, pero nunca totalmente "fuera" del mismo.

Reconstrucción *imaginaria*, creativa, conjetural o "presuntiva": de nuevo, ensayemos ver al conocimiento no como "copia" ni "reflejo" de nada. Conocer puede ser concebido, entre otras cosas, como el serio esfuerzo humano de imaginar activa y creativamente (me atrevería a decir hasta "artísticamente") ciertas relaciones, estructuras y procesos en la realidad. Podemos representarnos el conocimiento como un constante ensayo conjetural de elaboración de "mapas", metáforas y otros artificios para entender cómo se articula, funciona, nos toca y podemos afectar la realidad que nos circunda.

Reconstrucción, en fin, *provisional*, pasajera, transitoria: por más que en algunas culturas las líneas maestras de su visión del mundo se mantengan las mismas durante algunos miles de años, no hay conocimiento que se mantenga incólume, intacto, siendo aceptado sin más por todos los miembros de una comunidad humana. Las constantes transformaciones de la realidad, la multiplicación de perspectivas sobre la misma, los conflictos internos de las sociedades humanas, los desafíos y las innovaciones que caracterizan cualquier experiencia, las limitaciones de nuestra capacidad cognoscitiva, así como la ilimitada creatividad que nos caracteriza, todo esto —junto a la inagotable riqueza de lo real— insinúa la transitoriedad de cualquier conocimiento, ciencia o verdad. En otros términos: siempre es factible conocer "lo mismo" de otro modo que el elaborado hasta un cierto momento ... entre otras cosas porque "lo mismo" no es, en realidad, nunca igual.

Estoy consciente de que esta manera de concebir el conocimiento es apenas una entre una infinidad de otras concepciones pasadas, presentes y posibles. No estoy nada seguro de que esta manera de ver el tema sea la mejor, ni siquiera para los valores e intereses con los cuales me identifico. Estoy, empero, convencido, de que —en tiempos de crisis y pesimismo como los que corren en las Américas— quien no se arriesga creativamente a equivocarse, ya perdió. Prefiero el lema tibetano ("en la duda, actúa") que el occidental ("en la duda, abstente").

Esta manera de concebir el conocimiento, entretanto, la entiendo como una invitación provocadora: a confrontar constantemente nuestros conocimientos con la siempre cambiante realidad; a dialogar respetuosa y abiertamente con toda comunidad y persona que —desarmada y en son de paz— quiera compartir visiones diferentes de la realidad; a desencadenar toda nuestra inventiva, creatividad e imaginación para ponerlas al servicio de pensar la vida de maneras más constructivas, pacíficas, cooperativas y amorosas que las que parecen predominar hoy en el mundo; a ejercitar osadamente nuestra capacidad de reflexión crítica comunitaria y personal sobre las cosas que aparecen hoy a nuestro conocimiento como "obvias y evidentes".

No creo que se trate de "acrecentar" ni simplemente "substituir" nuestros conocimientos. Menos aun llegar a una visión común y universal de la realidad. A lo mejor se trata de cosa bien diferente: algo así como dinamizar, abrir, flexibilizar, criticar, enriquecer y rehacer incesantemente nuestro conocimiento de lo real al calor tanto de otras comunidades humanas con sus variadas visiones de la realidad como de la confrontación constante con la cambiante e infinita riqueza de lo real. Quizá. Pero subrayo: es difícil hacer eso honestamente cuando nuestra vida se basa en el dolor de otros.

Allí, nuestro conocimiento requiere arrogancia para imponerse. Tampoco es fácil cuando —en el extremo opuesto— nuestra vida está agobiada por el ajetreo cotidiano de tratar de mantener una familia en medio de la escasez y la inseguridad. Aquí, un "diálogo de conocimientos" es —al propio tiempo— más urgente que nunca, pero factible sólo contra viento y marea.

El diálogo exige vulnerabilidad recíproca, confianza y ternura: quizá sólo "fuera" o "por debajo" de la opresión es que es posible (¿y conveniente?) pensar el conocimiento como reconstrucción parcial, parcializada, presuntiva y provisoria de nuestras relaciones. Porque, quizá, sólo allí interesa realmente reconstruir la vida de manera diferente a como parece invadirla hoy (¿acaso soy demasiado pesimista?) la muerte prematura.

CONCLUSIONES

Releyendo y corrigiendo el último capítulo sentí que, hasta un cierto punto, las reflexiones sobre el conocimiento que quería compartir ya están allí —y poco es lo que, por ahora, quisiera añadir. Sin embargo, es vieja costumbre que yo aconsejo siempre a mis estudiantes la de cerrar todo ensayo con algunas conclusiones: reflexiones que recapitulen y resuman lo dicho y/o puertas abiertas invitando a la gente lectora del ensayo a seguir adelante, más allá del texto, en una cierta dirección.

Yo voy a optar aquí más bien por una mezcla de esas cosas. Primero, voy a compartir —de una manera diferente a como lo hice en la introducción— algunas facetas del proceso del cual surgieron estas reflexiones sobre el conocimiento. Luego, para cerrar, quisiera invitar a una reflexión sobre la importancia de las preguntas —más que de las certezas— que llevamos a cuestas por la vida.

De las Certezas Pasadas a la Búsqueda Incierta del Futuro

En las Américas nos hallamos en una situación dolorosa, inédita y —en muchos sentidos— desconcertante: el agua de la crisis del capitalismo nos está llegando al cuello; la crisis del socialismo autoritario reveló que no era mucha la esperanza que se hallaba tras ciertas banderas revolucionarias; los tímidos experimentos de democracia socio-económica por parte del Sandinismo nicaragüense y de Lavalás haitiana parecen sofocados por la intolerancia de los poderosos; los aires renovadores que soplaban entre los jóvenes, los pobres y las iglesias desde fines de los sesenta parecen sucumbir ante la arremetida conservadora; hasta el feminismo, que tan esperanzadoramente ha crecido en una generación, parece sufrir ahora los embates de un fuerte contraataque.

Muchas de las convicciones más sólidas que animaban a una gran cantidad de gente a luchar por la transformación de nuestras sociedades se han visto minadas —o demolidas— bajo estas transformaciones. En un cierto sentido, "sabíamos" que, de algún modo, las cosas mejorarían ahora que casi todos los países de las Américas tienen democracia política; y "sabíamos" que, en general, los pueblos escogerían dirigentes progresistas para enrumbar a nuestros países durante este fin de milenio. O, al menos, esperábamos que si los escogidos eran otros, empezaríamos de cualquier manera a salir de la pesadilla que vive el continente. Empero, los escogidos han sido los Cardoso, Menem, Clinton, Fujimori y Chamorro, quienes —junto a los Pérez y otros— han encabezado un empeoramiento del hambre, la violencia, el desempleo y la corrupción que asolan a nuestros países. Entretanto, las organizaciones y luchas populares —así como las conquistas logradas por éstas en el pasado— pierden terreno año tras año.

Muchos también "sabíamos" que el socialismo es mejor que el capitalismo y que, por ello, en la confrontación entrambos ganaría el socialismo. Ahora ya no sabemos: no ha sido sólo el derrocamiento de los socialismos reales lo que contradice nuestro "saber". Es asimismo el hecho de la maciza oposición popular al socialismo allí donde fue practicado y el descubrimiento de crímenes semejantes a los que creíamos que sólo se daban en el capitalismo (hasta ecológicos, médicos y de corrupción administrativa).

"Sabíamos" que las iglesias —sobre todo las históricas, las más antiguas— continuarían profundizando la opción por la liberación de los oprimidos que reemergió en los sesenta; que las comunidades eclesiales de base crecerían en número e influencia y que las teologías de la liberación se convertirían en visión animadora de la mayoría de los pastores y activistas de las iglesias. Ahora vemos que en muchas iglesias predomina cada vez más una política autoritaria y conservadora, para dentro y para afuera; que las comunidades de base disminuyen en número, energía y apoyo institucional; que las teologías de la liberación parecen incapaces de dar respuesta esperanzadora a la crisis actual tanto de los capitalismos como de los socialismos; y que, por todos lados, parecen multiplicarse y crecer las iglesias refractarias al diálogo ecuménico y a la preocupación central por los derechos humanos.

"Sabíamos", en fin, que las mujeres serían cada vez más reconocidas en sus derechos, más respetadas en su dignidad y más estimuladas en sus capacidades creativas, dirigentes y decisorias. Por el contrario, nos hallamos ahora ante el hecho de que las mujeres son la mayoría de los pobres y más pobres que los varones; que en muchos países las leyes favorables a las mujeres han sido derogadas o se van convirtiendo en letra muerta; y que, desde Alaska hasta la Patagonia, la violencia de todo tipo contra las mujeres se recrudece en este fin de siglo.

De alguna manera, ahora "sabemos que, en realidad, no sabíamos" y muchos nos sentimos perdidos, sin rumbo, confundidos y desesperanzados. Algunos tememos perder las razones para continuar luchando (hay quienes incluso temen perder las razones para continuar viviendo, tanto dieron de su vida a las luchas por una América más humana). Otras personas nos sentimos atraídas por el "¡sálvese quien pueda!": inclinadas a dedicarnos tan sólo a proteger, disfrutar y si posible mejorar nuestra pequeña vida privada, individual y familiar. Muchos experimentamos un cierto resentimiento por las pérdidas irrecuperables de estos años de lucha (gente querida, relaciones, familia, hogar, trabajo, estudios, tiempo, energía y dinero), y que, a veces, aparecen ahora como absurdas.

Una peculiar "crisis de conocimiento" parece formar parte de la crisis general de nuestras sociedades actuales.

Dentro de ésta, emergen algunas sospechas que alimentan muchas de mis reflexiones y que ya he mencionado en las páginas anteriores. Por ejemplo, sospechamos que hemos otorgado una confianza ingenua, exagerada, a nuestra capacidad de "conocer lo que es tal cual es, sin más". Sentimos que esa confianza nos lleva sistemáticamente no sólo a engañarnos, sino también a imponerle autoritariamente a otros lo que nos parece correcto. Intuimos que nos ha marcado una fuerte inclinación a ver el conocimiento verdadero como siendo *uno sólo* y, por lo tanto, a pensar que *otras* formas de concebir la realidad son necesariamente erradas y deben ser eliminadas, sea de modo "racional" o de manera represiva.

Desconfiamos de la convicción de que conocer una realidad garantiza de algún modo el logro de lo que se procura en el seno de tal realidad. Comenzamos a reconocer que los lazos entre conocimiento y éxito práctico son sumamente complejos, variables y difíciles tanto de captar como de controlar.

Empezamos a conjeturar que la percepción de la realidad a través de categorías cerradas, dualistas (verdadero/falso, bien /mal, conservador/progresista, etc.) o incluso "trinitarias" (capitalismo/socialismo/tercera vía), dificulta —en lugar de favorecer— tanto la comprensión de la realidad como el diálogo con gente que comparte ópticas distintas a la nuestra.

Algo semejante ocurre con la visión ingenuamente optimista de la historia humana como desarrollándose por etapas, en una línea continua que avanza inexorablemente de menor a mayor conocimiento, libertad, racionalidad, riqueza, felicidad, paz, justicia, cooperación y dominio de la naturaleza. Sospechamos, de nuevo, que las cosas son enormemente más ricas, heterogéneas y complejas que las sugeridas por los mitos del progreso, el desarrollo y la evolución.

En fin, ponemos en tela de juicio el crédito y el poder que hemos otorgado a las ciencias, a la especialización científica y a los "peritos" de los diversos campos. Percibimos que con ello hemos abdicado trágicamente tanto de nuestra capacidad como de nuestra responsabilidad de participar en la construcción, evaluación y transformación del conocimiento de la realidad —y de las decisiones basadas en tal conocimiento y que afectan nuestras vidas.

Y todo esto parece indicarnos que los modos predominantes de conocimiento en nuestras sociedades occidentales son más *parte del problema* que de la solución de la actual crisis. Pareciera que tales modos de conocimiento no nos permiten ni comprender la crisis ni salir de ella. Además, comenzamos a percibir cada vez más claramente estos modos de conocimiento como destructivos, autoritarios y antidemocráticos —como estimulantes de conductas, relaciones e instituciones igualmente destructivas, autoritarias y antidemocráticas.

Pero, en general, ahora que comenzamos a tomar conciencia de estas cosas, no sabemos qué hacer para salir de esta "crisis de conocimiento", de esta incertidumbre en cuanto a los caminos a tomar en los años por venir. A veces, cada uno de nosotros cree que esta crisis es un asunto principalmente suyo, personal, íntimo. Y como somos tantos quienes andamos en las mismas —disimulando nuestras perplejidades y nuestro desconcierto— no nos atrevemos a dar el primer paso para compartir, con alguna persona de confianza, la búsqueda de caminos para salir de la confusión y la parálisis.

Pero resulta que somos muchos —millones, probablemente— quienes hoy compartimos este desasosiego en las Américas. Y es bueno saberlo: eso nos alivia la angustia y la culpa de creer que esta "crisis de conocimiento" (de ya no saber más con certeza ni qué es lo que pasa, ni por qué, ni qué hacer para salir de ello) es algo puramente individual.

Además, eso nos proporciona la ocasión y los recursos para, juntos, tratar de entender lo que acontece y descubrir las sendas —teóricas y prácticas— para enfrentar de manera nueva los novedosos desafíos del presente. Estas reflexiones han tratado de ser algo de esto último: un modo de compartir desconciertos, dudas, búsquedas e intuiciones que son mías, sí, pero que he venido descubriendo que son, también, de miles de otras personas que sueñan con una vida mejor para nuestros hijos ... un modo, pues, de aliviar angustias y culpas personales compartiéndolàs con otras personas que pasan por un malestar semejante al mío ... un modo, en fin, de buscar compañeras y compañeros de camino —brindándonos recíprocamente apoyo, ideas, recursos y energía— para tratar de ir construyendo salidas para nuestra América.

Ojalá y este esfuerzo valga la pena para varias otras personas además de su autor.

Preguntas Compartidas y no Respuestas Prefabricadas

Quizá una de las muchas malas costumbres occidentales es la de definir, clasificar y juzgar a otras personas y culturas por las *respuestas* que ellas den a *nuestras preguntas*. Pero ¿y qué tal que nuestras preguntas no les resulten significativas en lo más mínimo a esas otras personas? Y además ¿quién nos dice que nuestras preguntas sean entendidas por otros de la misma manera en que nosotros las entendemos? ¿Acaso una "misma" pregunta no puede ser comprendida y respondida de muchas maneras diversas? Y, en fin ¿quién garantiza que las consecuencias reales de responder una pregunta de una cierta manera sean las mismas para personas o comunidades distintas?

Quizá, en verdad, habría que cuestionar esa mala costumbre occidental de etiquetar, archivar y sentenciar a los otros por sus respuestas a nuestras preguntas. Quizá —es un poco lo que quiero sugerir para concluir estas reflexiones— lo importante, lo significativo y decisivo en la vida humana, no sea tanto, realmente, las respuestas que damos a las preguntas de otros ... sino las *preguntas, interrogantes y cuestiones* que orientan nuestras vidas y nuestros vínculos con el resto de la humanidad y de la creación toda. Quizá una de las tragedias de las culturas occidentales (tragedia de cristianismo, capitalismo y socialismo, entre otros movimientos) es que —con demasiada frecuencia— nos hemos aferrado a ciertas respuestas que hallamos para nuestras indagaciones originales ... ¡y hemos dejado de vivir la búsqueda que dio origen a muchas de nuestras tradiciones!

Permítanme ser un poco irónico. Muchas "preguntas" son "de mentira". Es decir, no son preguntas que realmente buscan enriquecer la sabiduría personal ni la vida de una comunidad, sino que procuran cosas como afirmar o confirmar el poder de unas personas sobre otras. Son, por ejemplo, las preguntas hechas por alguien que, arrogantemente, está seguro de "poseer la respuesta correcta" y busca una de dos: sea ridiculizar a la persona interrogada, "probándole" cuan "equivocada" está, sea "controlar" a la persona interpelada a ver "cuánto y qué sabe", para así clasificarla en una jerarquía y darle instrucciones de cómo llegar a la cima, por en*cima* de los demás.

Muchas de nuestras preguntas, además, son postizas, no son realmente *nuestras*: son apenas las preguntas que se nos dispara incesantemente desde los medios de comunicación masiva y desde las élites del poder; son apenas las preguntas a las que nos hemos acostumbrado por comodidad y/o temor ... y son, sobre todo, las preguntas que no nos inquietan porque ya vienen con sus respuestas prefabricadas y empaquetadas. No son preguntas que cuestionen, reanimen ni nutran nuestras vidas ni nuestros vínculos con los demás. No son verdaderas preguntas.

Yo llamaría *verdaderas preguntas* a aquellos interrogantes vividos como hondamente importantes y urgentes, pero para los cuales se cree NO tener respuesta (y quizá nunca, nadie, tuvo ni tendrá respuesta definitiva). Son las cuestiones que, por eso mismo, empujan a quienes las viven a procurar a otras personas a ver si las pueden ayudar a responder esas preguntas; o a ver si, juntas, logran construir respuestas provisionales, más o menos orientadoras, para tales preguntas; o, al menos, a ver si compartiendo con otras personas la perplejidad y la angustia propias se hallan el afecto, la comprensión y la esperanza necesarias para orar agradecidas mientras se vive la búsqueda incesante de respuesta a las cuestiones centrales de la propia vida.

Creo que parte de lo que nos hace falta hoy es, precisamente, escuchar atenta y humildemente las preguntas que hacen "otros" —gente de otras regiones, culturas y sectores sociales— y reflexionar sobre lo que esos interrogantes pueden aportar a nuestras propias vidas.

"Caminante, no hay caminos: se hace camino al andar", decía el poeta español Antonio Machado. Algo de eso podríamos decir con respecto a las respuestas: no hay respuestas, se hacen respuestas al caminar con ciertas preguntas a cuestas. Quizá lo que mejor define la vida de un ser humano cualquiera no son sus respuestas, sino las preguntas que carga a cuestas. Son las preguntas las que empujan a buscar, crear, pensar, imaginar, inventar, transformar, mejorar, enriquecer, preocuparse, ocuparse, cuidar, dialogar, escuchar y darse. Las respuestas, en cambio —sobre todo si nos las tomamos demasiado en serio, definitiva y terminantemente, cerrándonos a escuchar otros ensayos de respuesta e interrogantes diferentes—, corren mucho más el riesgo de paralizar, congelar, clausurar e imponer. Podría hasta decirse "dime qué te preguntas y te diré quién eres".

Imaginemos a alguien que se interroga constantemente, por ejemplo, "¿qué podré hacer para hacer más hermosa la vida de la gente a mi alrededor? ¿Qué consecuencias negativas para otras personas podrían tener mis valores, creencias y comportamiento?" Quienes vivan con tales preguntas a cuestas —y más mientras más en serio y a fondo las vivan, asumiendo las mejores respuestas como una especie de imperativos transitorios— muy probablemente harán mayor bien y menor daño a sus congéneres que quienes vivan aferrados a soluciones incuestionables.

Recuerdo aquí la breve autobiografía intelectual del filósofo e historiador británico Collingwood, *Idea de la Historia*. Allí, Collingwood sostiene la interesante idea de que toda *verdad* (como todo error) lo es siempre en relación a una pregunta. Una misma afirmación puede ser verdadera, falsa, indiferente o impertinente según cuál sea la interpelación que se quiere contestar con esa declaración. Y, en ese sentido, no tiene el menor valor examinar la "verdad" de una aseveración, un discurso o una teoría sin antes examinar —tomándoselos en serio— cuáles son los interrogantes a los que allí se trata de dar solución.

Este libro, como lo notará quien lo lea, no intenta tanto insinuar respuestas como proponer, comunicar, multiplicar y compartir *verdaderas preguntas*: interrogantes que cargo a cuestas desde hace años, para los que no tengo solución clara ni definitiva; enigmas para los que no creo —y quizá no deseo— que haya respuesta única ni concluyente; búsquedas que me ayudan a mantenerme inquieto, vivo, investigando, escuchando, ensayando, imaginando, evaluando y transformando mi propia vida; cuestiones, pues, que prefiero continuar llevando a cuestas antes que "asesinarlas a respuestas".

Creo, espero, deseo hondamente que las auténticas preguntas de quienes lean estas líneas, junto a las que se encuentran en estas reflexiones, más las que puedan surgir del encuentro entrambas, sirvan para ayudar a nacer teorías del conocimiento, orientaciones socio-políticas, reflexiones éticas y ensayos teológicos verdaderamente *democráticos*: es decir, donde el diálogo comunitario lleve a consensos provisionales —siempre abiertos a revisión y transformación por iniciativa de la comunidad afectada por tales consensos— orientados por el Espíritu de Vida, por el impulso interior a cuidar tiernamente de la vida, y sobre todo de las vidas más frágiles y vulnerables (las de las niñas, los niños y la gente oprimida). Así sea.

NOTAS

Introducción

(¹) Rubem Alves: *Estórias de quem gosta de ensinar*: pp. 21 y 43 (traducción mía: de aquí en adelante "TM").

(²) El más elaborado fue "Avertissements épistémologico-politiques pour une sociologie latino-américaine des religions".

1. ¿Influye la Experiencia en Nuestro Conocer?

(¹) Entre los mejores libros que conozco que desarrollen esta hipótesis está *Biología y Conocimiento*, de Jean Piaget.

(²) Ese es el verdadero sentido *popular*, me parece, de instituciones democráticas como las libertades de pensamiento, palabra, prensa, asociación, organización política, presentación de candidatos, votación y remoción de funcionarios públicos, etc. Sin ellas —y eso es lo que muchos entendemos por dictadura— se facilita el abuso del poder (militar, civil, capitalista, socialista o lo que fuere). Todo ello afecta profundamente lo que se entiende en una sociedad por *conocimiento* y lo que es rechazado y perseguido como "error". Quizá por ahí ande parte de la explicación de qué pasó con el marxismo en los experimentos de la Europa oriental, y del por qué de su actual derrumbe.

(³) Una experiencia semejante tuve con las hijas de mi primer matrimonio. Después de fracasos y contradicciones de 6 pediatras y dos curanderos, un noveno médico —obligado por ello a dudar de su saber— "descubrió" lo que tenían: "mucoviscidosis" o "fibrosis quística del páncreas" (incurable enfermedad infantil hereditaria). Ambas murieron: Jenny a los 2½ años, en 1971; Vanessa a los 3½, en 1974). La experiencia, ciertamente, me llevó a cambiar mi visión de la vida y del conocimiento. Este libro, en más de un sentido, es fruto de esa experiencia.

(⁴) Esta hipótesis, aunque inicialmente desarrollada en relación a las modernas y explícitas *teorías científicas* occidentales, me parece interesante ampliarla a cualquier imagen más o menos estructurada de la realidad —científica, moderna, occidental, explícita ... ¡o no! Entre los mejores libros que conozco en donde se desarrolle una idea semejante —y de donde la tomé yo— está el de Paul K.

Feyerabend, *Contra el Método*. Para Feyerabend, en efecto, el "avance" de una teoría científica vieja a una nueva es fruto, precisamente, de tales contradicciones.

(⁵) Esto último no lo practican ya directamente iglesias cristianas como tales; se practicó hasta por lo menos el siglo pasado en la mayoría de las regiones bajo preponderancia cristiana —incluidas las Américas hasta el siglo pasado (véanse las recientes películas "The Scarlet Letter" y "The Crucible"). Hoy, miembros de muchas iglesias —actuando desde gobiernos o grupos paramilitares en supuesta defensa de la fe— aun practican esta forma de "control del conocimiento". Para muestra, la reciente dictadura militar guatemalteca del general Efraín Ríos Montt, presentada por varios canales de televisión estadounidenses como "el primer gobierno cristiano de la historia".

2. Reflexionar con Calma sobre Nuestro Conocimiento

(¹) Toda la nueva epistemología feminista que se ha venido desarrollando en la última década, sobre todo en los E.U.A., arranca de alguna manera —me parece—de esta perspectiva. En todo caso, mi propuesta le debe mucho a mis propias lecturas de esta corriente. Véase, sobre todo, Mary Field Belenky e.a.: *Women's Ways of Knowing*.

(²) Desde comienzos de este siglo, célebres nombres de la física contemporánea —como Werner Heisenberg y Albert Einstein, por ejemplo—han insistido en que lo que las ciencias naturales miden no es un "objeto" exterior al "sujeto" que conoce, sino la *relación* entrambos: entre un "sujeto" afectado por un "objeto" y viceversa. Por otra parte, la cacareada imputación —construida desde una ingenua idolatría de las ciencias físico-matemáticas y bioquímicas— de que las ciencias sociales son en realidad "pre-científicas" ha sido cuestionada con la hipótesis de que, por el contrario, las ciencias "exactas y naturales" se hallan aun, a menudo, en un estado de ingenuidad pre-sociológica y ahistórica.

(³) Y si hay hoy una ciencia donde se dé una variedad de opiniones tan grande o mayor, es en la ciencia económica. Ante la crisis económica actual, los mismos economistas conservadores estadounidenses tienen una diversidad increíble de opiniones acerca de la naturaleza de la crisis, sus causas, cuándo y dónde comenzó, cómo se está desarrollando y por qué, hacia dónde nos lleva y cuáles sean los posibles remedios a corto, mediano y largo plazo para salir de la misma. Basta leer los escritos y declaraciones de los secretarios del Tesoro de Reagan, Bush y Clinton para confirmarlo. Léanse, para reciente muestra, el artículo de Louis Uchitelle, "The Economics of Intervention" –sobre Joseph E. Stiglitz, presidente del Consejo de Consultores Económicos de la Casa Blanca del 95 al 97 y el principal economista hoy (1998) del Banco Mundial (*The New York Times*, 31/5/98, [Money and Business] pp. 1 y 12).

(⁴) Unos amigos brasileños me contaban que en su país alguien decía que "toda unanimidad es burra". En ese mismo orden de ideas, un intelectual estadounidense decía que "cuando todo el mundo piensa igual, nadie está pensando" realmente.

(⁵) Y si así lo desean, yo agradecería que esas críticas y sugerencias me las enviaran a mi dirección electrónica (omaduro@drew.edu). Aunque no puedo prometer respuesta individual detenida, prometo leer con detenimiento y respeto cualquier correspondencia, tomarme en serio lo que allí se sugiera y tratar de por lo menos acusar recibo de la misma.

3. Opresión, Liberación y Conocimiento

(¹) Gifford Pinchot III, según la nota "Americano critica ação estatal" (*Jornal do Brasil* [Río de Janeiro] 4/10/91, p. 7 [Negócios], TM). Semejantes ideas ha expresado varias veces —entre muchos otros— Michael Novak, un intelectual católico neoconservador estadounidense, acerbo crítico de la teología latinoamericana de la liberación.

(²) Hace ya casi un siglo que los teóricos más avanzados de la física (Heisenberg y Einstein entre otros) están insistiendo en que el conocimiento humano no es una captación pasiva —puramente "cerebral"— de la realidad, sino una intervención activa que modifica la realidad y que, por consiguiente, no nos permite hablar de una realidad "independiente" del conocimiento humano ni de un conocimiento abstractamente "objetivo".

(³) En "Ação do quinino é revelada depois de séculos de uso", *Jornal do Brasil* (Río de Janeiro) 22/1/92, pp. 1-7, TM.

(⁴) Según investigación del Dr. John Wennberg, de la Escuela de Medicina de la Universidad de Dartmouth, en los Estados Unidos, sólo "cerca de la mitad de las 230.000 operaciones [de puente de safena] realizadas por año en los Estados Unidos tenían indicación inequívoca" ("Estudo nos EUA revela má prática da medicina", *Jornal do Brasil* [Río de Janeiro] 10/12/91, p. 1-13, TM). Investigaciones parecidas revelan que más de la mitad —90% según Vicky Hufnagel, una especialista californiana— de las 700.000 extirpaciones de útero (histerectomía) practicadas anualmente en mujeres estadounidenses son o innecesarias o, peor, contraindicadas.

(⁵) Esta manera de concebir las relaciones entre conocimiento y contexto práctico se ha asociado comúnmente con la escuela filosófica anglosajona del pragmatismo. Charles S. Peirce, George Herbert Mead, William James y John Dewey son usualmente considerados las principales figuras del pragmatismo contemporáneo de lengua inglesa. Anthony Blasi me ha hecho ver que Thorstein Veblen y Charles Wright Mills aplicaron el pragmatismo como criterio de una ética social (Veblen distinguiendo entre clases parásitas y clases productivas; Mills juzgando el conocimiento sociológico en términos de su utilidad para liberarnos de ciertas "trampas"). Marx, de algún modo, representa un "pragmatismo de izquierda" donde la "praxis revolucionaria" es criterio de conocimiento. (A muchos les chocará esta aproximación, sobre todo a marxistas en cuyos idiomas —como castellano y portugués— la palabra "pragmatismo" tiene connotaciones más bien negativas).

4. ¿Cómo Expresamos y Compartimos el Conocimiento?

(1) Maurice Leenhardt, el antropólogo europeo, estudió cómo una cultura melanésica creó un término nuevo —"Do-Kamo"— para expresar una experiencia nueva (la experiencia del "yo" individual —experiencia provocada e interpelada inconsciente y constantemente por el lenguaje y la conducta de maestros, sacerdotes, antropólogos, policías y otras autoridades occidentales). Véase su libro *Do-Kamo*.

(2) Nótese, en este sentido, cómo ha crecido en las últimas décadas la producción de textos sobre comunicación no-verbal, expresión corporal, etc.

(3) Me parece que buena parte de los esfuerzos del movimiento de alfabetización de adultos fundado por Paulo Freire —y conocido como "concientización", "educación liberadora" o "pedagogía del oprimido"— va, precisamente, en esta dirección.

(4) El fenómeno es mucho más grave y profundo de lo que puede parecer a primera vista y ha sido analizado y denunciado cada vez con mayor fuerza en las últimas décadas, desde el campo de la filosofía y la lingüística (Michel Foucault, Luce Irigaray, Noam Chomsky), pasando por la antropología y la teología (James Cone, Elisabeth Schüssler-Fiorenza), hasta la sicología y las ciencias políticas (Carol Gilligan, Immanuel Wallerstein). Ha sido sobre todo a partir de los movimientos y estudios feministas, negros e indígenas que esta preocupación se ha agudizado y desarrollado.

5. Para Repensar lo que Entendemos por Conocimiento

(1) Y era, habitualmente, sinónimo de "filosofía", como sucedía en alemán (con las palabras "wissen" [saber] y "Wissenschaft" [el ocuparse con el saber]) y en holandés ("wijzen" y "wijsbegeerte", con sentidos similares al alemán, sólo que "wijsbegeerte" significa, todavía hoy, algo parecido a "filosofía").

(²) Véase el clásico texto de Thomas S. Kuhn: *La Estructura de las Revoluciones Científicas* (originalmente escrito en inglés, pero del cual hay traducciones al castellano y al portugués).

(³) Véase su *Contra el método*.

(⁴) Hace décadas que, como lo anoté antes, los físicos sugieren que no hay manera de conocer la realidad sin modificarla de algún modo (por lo cual todo conocimiento lo es de una realidad ya modificada por el conocimiento mismo) y que lo que conocemos es siempre la *relación* del "observador" con lo "observado" —no "objetos" separados de "sujetos". Por desgracia, lo que usualmente pasa hoy por "ciencia" en escuelas, diarios y televisores está muy lejos de eso.

BIBLIOGRAFÍA

(Muchas de las obras siguientes han influido enormemente mi manera de pensar sobre el tema del conocimiento. No que yo necesariamente concuerde con todo lo que en todas ellas se diga, pero pienso que estos trabajos son todos —para mí al menos— enormemente fértiles).

ALVES, Rubem: *Filosofia Da Ciência (Introdução ao jogo e suas regras).* São Paulo: Editora Brasiliense S.A., 1982[3].

ALVES, Rubem: *Estórias de quem gosta de ensinar.* São Paulo: Cortez Editora–Autores Asociados, 1984[2].

ALVES, Rubem: *Conversas com quem gosta de ensinar.* São Paulo: Cortez Editora–Autores Asociados, 1984[8].

BELENKY, Mary Field, Blythe McVicker Clinchy, Nancy Rule Goldberger y Jill Mattuck Tarule: *Women's Ways of Knowing. The Development of Self, Voice, and Mind.* E.U.A.: Basic Books (Harper Collins Publishers), 1986.

BERGER, Peter y Thomas Luckmann: *The Social Construction of Reality.* Garden City, NJ: Doubleday, 1967 (hay versión castellana).

BOURDIEU, Pierre, Jean-Claude Chamboredon y Jean-Claude Passeron: *El oficio del sociólogo. Presupuestos epistemológicos.* México-Madrid-Bogotá: Siglo XXI Editores, 1991[14] (tr. F. Azcurra y J. Sazbón).

CAPRA, Fritjof: *Sabedoria Incomum. Conversas com pessoas*

notáveis. São Paulo: Editora Cultrix, [1990] (tr. C. A. Malferrari, del original inglés).

FEYERABEND, Paul: *Against Method*. Londres-Nueva York: Verso (New Left Books), 1980² (hay versión castellana de una anterior edición).

FOUCAULT, Michel: *Power/Knowledge. Selected Interviews and Other Writings 1972-1977*. Nueva York: Pantheon Books, 1980 (editado por Colin Gordon).

GILLIGAN, Carol: *In a different voice: Psychological theory and women's development*. Cambridge, MA: Harvard University Press, 1982.

HARDING, S. & M. B. Hintikka (eds.): *Discovering Reality: Feminist perspectives on epistemology, metaphysics, methodology, and philosophy of science*. Dordrecht (Holanda): Reidel, 1983.

KUHN, Thomas S.: *The Structure of Scientific Revolutions*. Chicago-Londres: The University of Chicago Press, 1970² (existe versión castellana).

LAING, Ronald D.: *The Politics of Experience*. Nueva York: Ballantine Books, 1968 (existe versión castellana).

LEENHARDT, Maurice: *Do-Kamo*. Caracas: Ediciones de la biblioteca de la Universidad Central de Venezuela.

MADURO, Otto: "Avertissements épistémologico-politiques pour une sociologie latino-américaine des religions", en *Social Compass* (Lovaina) 1979, XXVI/2-3: 179-194.

MANNHEIM, Karl: *Ideologia e utopia.* Río de Janeiro: Editora Globo, 1954 (hay versión castellana).

MINNICK, Elizabeth K.: *Transforming Knowledge.* Philadelphia: Temple University Press, 1990.

PIAGET, Jean: *Biología y Conocimiento: Ensayo sobre las relaciones entre las regulaciones orgánicas y los procesos cognoscitivos.* México-Madrid-Buenos Aires: Siglo XXI Editores, 1975[3] (tr. del francés).

POPPER, Karl: *Unended Quest. An Intellectual Biography.* Glasgow: Fontana/Collins, 1976.

SMITH, Dorothy E.: *The conceptual practices of power : a feminist sociology of knowledge.* Boston: Northeastern University Press, 1990.

THORNE, B., C. Kramarae & N. Henley (eds.): *Language, Gender, and Society.* Rowlwy, MA: Newbury House, 1983.